感性與理性的結晶

法蘭西的智慧

敖軍　著

前言 FOREWORD

感性與理性的結晶

像霧，像雨，又像風。

這是許多親身遊歷過法國的異域遊人所帶走的最不成印象的印象。他們可以為艾菲爾鐵塔的壯美和尼斯海灘的旖旎風光而心曠神怡，可以徜徉於羅浮宮、凡爾賽宮的藝術氛圍之中而恍惚回溯到本世紀前的典雅瑰麗，可以品著一百五十年前的干邑白蘭地而體驗到法蘭西那古久的醇香和浪漫，甚至可以面不改色地置身於巴黎現代美術館那些抽象得一塌糊塗的線條、色塊之中而故顯其心領神會地附庸「瘋」雅。

但無論他們如何自以為是地以為已將法蘭西的智慧了然於心，對於那些活生生、隨處可見的法國人，他們卻只能三緘其口，或尷尬地搖搖頭，低聲慨歎：看不懂的法國佬！

關於法蘭西的代表是什麼？不用說外人，就連法國人自身也未文都能讀得懂自己。著名的歷史學家、政治家托克維爾在其《舊制度與革命》一書中就曾為自己的民族下了這樣的斷語；「一個固守原則，本性難移的民族，以致從兩、三千年前畫的圖像中還能把它辨認出來；同時又是一個想法和愛好變化無窮的民族，最後變得連它自己也感到意外。」

五千多萬來源複雜的民族構合，綿延千年的歷史文化沈積，多種文明要素的匯合撞擊，固然是造成法蘭西民族智慧形

象紛繁深厚、斑駁龐雜的原因；但探其究竟，最為根本的還是在於這片土地上生活著的豐富多采的人——他們的思維方式和內心情感。

由此，我們找到了理性和感性這兩個既無法界定，又無向無度的量，交叉構築了一個社會心理學的坐標體系；然後，小心翼翼地把我們的主人公置乎其上，冀圖以此來定下其坐標，把握其智慧附。不曾想，剛一鬆手，主人公便如脫韁的野駒，在理性的波峰與感性的浪谷之間狂奔起來。惶惑情急之中，便抓起一個個法蘭西的智慧形象押在坐標系上——上至路易十四、拿破崙、伏爾泰和莫奈，下至無影無形的一般民眾，從巴黎市民到鄉下農民，從政客到士兵，從男人到女人——真實的和虛幻的，外顯的和內隱的，崇高的和庸俗的，無一不透析出法蘭西智慧的某一側面。

然而，很快我們就發現，這些智慧的閃光點同樣匯入了先前的波動之中而變得捉摸不定。無可奈何之間只餘下兩片印象：朦朧如霧般的迷情、急急如風般的激情。

耐心地品著這兩片印象，逐漸開朗起來，那些躁動於理性——感性坐標之上的智慧形象開始劃出一條有跡可循的光滑曲線。儘管這條曲線實在是「曲」得不能再曲了，我們畢竟從中探究出法蘭西智慧的某些端倪，那種搖擺於理性與感性之間如履薄冰的微妙平衡，那種面對從最感性到最理性的陡然落差，依然能信馬遊崗，從容過渡的精湛技藝，那種為追求自我理念的價值重現而不斷去張揚、壓抑、反抗、融合理性與感性的執著精神，都無一不在向世人展示著一種獨具風韻的法蘭西智慧。

在這裡，首先要感謝我的導師顧曉鳴教授。沒有他睿智的洞察力和循循啟誘，憑我五百多度的近視眼，絕對無法瞧出坐標系上那些變幻莫測的法蘭西群像背後還隱含著如此精妙絕倫的大智大慧。

　　此外，在本書的成書過程中，還得到了顧雲深先生的悉心指導，李仲謀、楊潔、郝維華三位學友冒著酷暑，承擔了本書的謄抄任務，在此深表謝意。

目錄 CONTENTS

前言 FOREWORD   003

Chapter 1　法國式的表和象   011

・公雞和鳶尾花：思維的智慧表象   012
・節日：宗教的理性與民眾的感性   015
・巴黎和外省   018
・巴黎的肚子   022
・花都裡的「剛性」世界   025
・法蘭西的形象認知   027
・拿破崙神話   030
・拉・封丹與「三S」：閑適的智慧   033
・野蠻與文明   036

Chapter 2　法國式的精和神   041

・上帝、國王和英雄的延伸   042
・從《巨人傳》到凡爾納科幻：
　夢幻的延伸智慧   045
・法的精神   047
・神祕：向著事物背後延伸   050

· 占星：古代的迷信和現代的理性   053

· 憂鬱；浪漫精神的灰色標籤   056

· 世紀病：理性與感性的兩難對立   059

· 荒謬：智慧的無意義   061

· 恐懼大逃避   065

· 懷疑的智慧怪圈   068

· 婆羅門和老太婆   071

Chapter 3　法國式的政和治　075

· 理智與激情的天平   076

· 法蘭西的革命癖   078

· 斷頭台和「革命」的法國智慧   081

· 街壘後的市民與農民   085

· 戰爭的感性神話與理性組織   089

· 宗教情境中的權術智慧   093

· 富歇的角色扮演智慧   096

· 角色情結   099

· 徽像的探幽入微   102

· 組織下的法國人   106

· 組織下的思維硬化   109

· 組織下的個性逃逸   112

Chapter 4 　法國式的性和愛　　　　　　　　117

・女性時代的男性　　　　　　　　　118
・女權主義的智慧奇徑　　　　　　　121
・查理曼大帝的愛欲指環　　　　　　125
・愛情的墳墓和婚姻的陷阱　　　　　129
・用感性和理性調製過的性和愛　　　132

Chapter 5 　法國式的欲和利　　　　　　　　137

・饕餮的欲望　　　　　　　　　　　138
・經過理性精煉的口腹之欲　　　　　141
・鼻子的智慧　　　　　　　　　　　144
・創造「巴紐爾熱的羊群」的時尚　　147
・時裝的個性智慧　　　　　　　　　150
・法國人愛錢有方　　　　　　　　　152
・法國人賺錢有法　　　　　　　　　156
・皇帝的新裝　　　　　　　　　　　160
・公証人：夾縫中的生存智慧　　　　162
・時間・生命・金錢　　　　　　　　166

Chapter 6 　法國式的言和語　　　　　　　　171

・獨具品味的沙龍語境　　　　　　　172
・法語的約定俗成　　　　　　　　　174
・清晰和模糊的悖智　　　　　　　　177
・語言智慧背後的法國人　　　　　　179

· 言語刺激下的宗教狂熱 　　　　182

Chapter 7 　法國式的文和藝 　　187
· 法國人的「大國病」 　　　　188
· 自然的理性摹擬 　　　　191
· 巴黎聖母院：音樂的凝固 　　　　195
· 古典與浪漫交割的智慧 　　　　198
· 主觀和客觀：印象的創造 　　　　201
· 超現實和潛意識 　　　　204
· 照相：再現存在的智慧 　　　　207
· 偶然和必然：笛卡兒的圓圈智慧 　　　　210
· 愛智的法國人 　　　　214
· 實驗：搖擺於現實與理想之間 　　　　217
· 信仰與現實的交融智慧 　　　　219
· 高雅和低俗的智慧分野 　　　　222

Chapter 1
法國式的表和象

公雞和鳶尾花：思維的智慧表象

洞房花燭夜，新娘問身旁的新郎：
英國新娘——我們的孩子，你要他念劍橋還是牛津？
德國新娘——親愛的，你睡著了嗎？
中國新娘——從今晚起，人家就是你的人了，死活也
　　　　　要在一起。
日本新娘——對不起！服侍得不好的地方，請原諒！
法國新娘——我美嗎？

　　在我們這個社會裡，每一個能數得上號的民族似乎都被人貼上一個標籤——英國人的保守、德國人的嚴謹、美國人的自由、中國人的傳統與中庸、日本人的多禮和武士道，當然還有法國人的浪漫。

　　這些標籤的模糊性常常使人們誤入一個模式化的虛象。上面這則幽默便是人們根據這個模式的虛象設計出來的。但它至少反映了一個事實：

　　一個民族是可以提煉出一個共同的文化精神群像的。法國社會學派創始人杜爾克姆（1858～1917）把這個精神群象定義為集體表象，意指由同一社會的成員平均所共有的信仰和感覺的總和所構成的具有自己本身的生活的一定體系。他認為，社會生活完全是由集體表象構成的，特別是道理、理想和信仰等集體情操；它們是一個民族或社會的靈魂。「這些表象在該集體中世代相傳；它們在集體中的每個成員身上留下深刻的烙印；同時根據不同情況，引起該集體中每個成員對有關的客體

產生尊敬、恐懼、崇拜等等感情。」❶

　　上面那則幽默給我們的另一個啟示便是：通過話語，我們可以得到一個民族靈魂的大致印象。因為集體表象正是通過符號（包括話語、文字、行為等）產生並存在的，符號為我們從外部觀察集體表象提供了可能。而任何一個社會的制度、風俗和文化行為都同一個民族的思維方式緊密相關。這種思維方式不是個體的，而是集體的共同思維。因而，我們看到的符號，從本質上講是集體表象背後的思維方式的符號表象。

　　每一個國家都有自己的國花和國鳥。但如果人們試圖通過這個符號來意會這個民族的集體表象或民族性格，得到的仍是模式化的虛象。只有把視線集中於這些花鳥是如何從最普通的植物和動物上升為國花和國鳥的過程，我們才能把握一個民族最本質的思維方式。

　　法國的國花是鳶尾科的香根鳶尾，它的花型碩大，體態優美，片片花瓣如同翩翩起舞的彩蝶，又似疾飛的集鳶。尤其令人稱奇的是它的花瓣，看似有六瓣，實則為三瓣，外圍的三瓣其實是保護花蕾的萼片。正是這奇妙的真假三瓣，使它成了法國的國花。鳶尾花自古便被認作是古代法國王室權力的象徵而刻在法國國徽上。

　　一三七六年，國王查理五世把原有的國徽圖案上的鳶尾花改為三枚花瓣，以象徵聖父、聖子、聖靈三位一體。

　　國王查理五世在這裡建立了一種理性的邏輯思維方式——鳶尾花與神權之間的唯一結合點就是是一個數字：三。

---

❶　列維－布留爾：《集體表象和意識》，轉引自《多維視野中的文化理論》。

・梵谷名作──鳶尾花

　　鳶尾花的外形與基督教的神聖沒有任何感覺上的聯繫，人們看重的只是它的三枚花瓣與三位一體之間所形成的精確對應。這種對應並沒有感官與聯想的參與，因而是理性的。

　　而在法國的國鳥公雞的身上，我們看到的卻是一種截然不同的思維。

　　一六六五年，勒凱努瓦城被西班牙人包圍，後被法國軍隊解圍脫險。為了紀念這一事件，法國人鑄造了一枚銅幣：銅幣的畫面上，遠處為城市，近處是一隻雄雞在追擊一隻逃脫的獅子。這是根據古代的一種傳說：雄雞的啼聲能使獅子逃跑。銅幣上的雄雞代表法國人，獅子代表西班牙人。這是最早以雄雞象徵法國的証物。後來路易十四的敵人製作的紀念章都用雄雞來象徵法國；尤其是荷蘭人製作的紀念章，總是印上獅子追逐

雄雞的圖案。

　　最後，法國人自己也開始接受把雞作為國鳥來尊奉。在他們眼裡，好鬥的公雞是勇敢、頑強的象徵，同時又不失多情。英國的巴爾齊尼在《難以對付的歐洲人》中以略帶嘲諷的口吻描繪了公雞在法國人心目中的符號意義：「羽毛華麗的大公雞每天第一個向人們報曉，統治它眼前的世界，勾引那些不抗拒的母雞，使它們懷孕，並擊敗其對手，在糞堆上洋洋自得地喔喔長啼。」

　　法國人把公雞的這種形象同自己所推崇的戰士與情人兼具的形象聯繫在一起。這種聯繫純粹是非邏輯的，無法用理性的手段來斷定其對應性。這種獨具意味的感性智慧就是我們將在本書中所要展示的法蘭西民族韻味悠醇的「柔」，它和鳶尾花的表象意義所衍生出來的另一種嚴謹理智的「剛」交相輝映，絲絲入扣地透射出法蘭西智慧的塊麗和迷情。

　　雖然我們從法國的國鳥公雞可以想像出一個自負、好強的法國人形象，但無論如何也無法在鳶尾花的形象同法國人的形象之間找到共同之處，因而只有深入到形象後面潛在的思維方式，我們才會看出，國鳥與國花，作為一種符號，是如何表象其集體表象的。

節日：宗教的理性與民眾的感性

　　法國人宗教觀念之淡薄，已到了若有若無的地步；只有那一個個宗教節日，才會使人想起這是一個天主教徒占全國人口百分之九十的國度。

　　在法國的日曆上，幾乎每一天都是一個以聖徒名字命名的

節日，或紀念其出生，或紀念其升天。如一月二日為聖·巴齊爾節，一月三日為聖·熱納維埃夫節等等。可以說，法國人天天都和聖徒們一起生活。可惜，這些節日大都不放假，所以法國人很難想起聖徒的名字。真正能給人帶來節日感的還是那些重要的宗教節日。這其中最為隆重的莫過於十二月二十五日聖誕節。每年聖誕前夜的子時彌撒，全法國上下變成了莊嚴肅穆、虔誠理性的上帝臣民。十二月二十四日晚上，從城市到鄉村，遍布法國的大小教堂都裝飾一新，所有教徒，上至總統，下至平民百姓，都要到教堂參加子時彌撒。午夜十二點，大小教堂鐘聲齊鳴，餘音裊裊，聖歌飄紗，奉教的法國人齊聲歌頌主的偉大，慶賀上帝之子耶穌的誕生，祈禱聖明的主保佑來年的幸福。子時彌撒過後，人們才回到家中聚餐。

當人們的宗教觀念越來越淡薄的時候，宗教節日的理性色彩也就日趨世俗化。有些人平日很少去教堂作禮拜，逢到某個重要的宗教節日，才突然想起還有個神聖而孤獨的聖父、聖靈等著自己去虔敬一番；更多的人則把宗教節日看作是休閒娛樂，融洽親情、友情的良機。他們會想方設法通過調休、前搭後拼等稱之為「搭橋」的手段，做出一個連續幾天的長假。當人們把宗教節日同星期日、或者根本不是節日的日子搭在一起，也就意味著節日身上那層神聖冷瑟的宗教黑衣正被法國人毫不留情地扒了下來，扔進垃圾桶。

法國人的宗教節日，如諸聖節（萬靈節）、聖誕節、復活節、耶穌升天節、聖靈降臨節等等，在歐美其他一些國家也一樣歡慶。因此，從民族感情上講，法國人更喜愛那些土生土長、有著鮮明法國特色的民眾節日，如七月十四日國慶節，十一月十一日停戰節，六月份的彩車節等等。而最能體現法國人濃烈感性的莫過於羅尼河畔的達拉斯貢城於每年六月底舉行的

「達拉斯貢龍節」。

傳說，公元初，達拉斯貢附近的岩洞中棲居著一種人們稱之為達拉斯貢龍的怪獸，騷擾得當地民眾不得安寧。後來，《聖經》中的聖女馬爾泰制伏了怪獸，從此達拉斯貢人便皈依了基督教。

傳說歸傳說，現實中的「達拉斯貢龍節」絕對沒有絲毫的基督教色彩。達拉斯貢人似乎已全然忘卻了那位曾經把他們從怪獸的威脅下拯救出來的聖女馬爾泰，卻對作家都德感恩戴德，因為都德曾寫過一本小說《達拉斯貢城的達達蘭》。因此，「達拉斯貢龍節」的高潮是舉行模仿好漢達達蘭從非洲重歸達拉斯貢的表演。下午三時許，一支由達達蘭、達拉斯貢龍以及大約二十個民間樂隊組成的隊伍開始遊行，穿過主要街道，遊遍全城，然後在市中心的競技場解散。

達拉斯貢市民的情緒被這盛大的歡慶遊行撩撥、感染，他們再也按捺不住興奮和放縱的欲望，紛紛組織起自己的遊行隊伍。頓時，整個達拉斯貢變成一個巨大的遊戲場。農民用繩子將觀眾絆倒，叫絆繩遊戲；給觀眾灌酒，叫酒壺遊戲；腳夫扛大桶，醉漢似的踉踉鎗鎗，擠撞著觀眾，叫醉漢遊戲：水手們把觀眾淋個透心涼，叫鱘魚遊戲；牧羊人用松油在觀眾的臉上、身上信手塗鴉：腳夫則用他們的保護神聖・克里斯托夫的蕁麻掃帚戲打觀眾。❷到最後，誰也分不清究竟哪些是觀眾，哪些是演員，都在跳、叫、笑、鬧，積鬱心中已久的興奮與熱情在這沸騰的氣氛中迸發，自由地狂泄。權勢高低、階級秩序、道德約束和角色限制都在狂歌亂舞和喧鬧戲謔中被人們或拋到腦後或踐於腳下，狂熱的腦海中容下的只是狂熱，縱情的

---

❷　潘小漪：《法國》。

舞步下踩碎的卻是平日的理性。

　　理性得太久，總要讓感性出來透口氣，放鬆一下；感性得太火，又得用理性把人們拉回正常的社會秩序中來。理性的宗教節日和感性的民眾節日，就這樣交替地把法國人當作線操縱木偶一般，耍弄得不溫不火。

巴黎和外省

　　節日的反差不僅表現於宗教的理性和民眾的感性之間，在巴黎人與外省人的智慧層面上，節日同樣可以表象出某些耐人尋味的異趣。

　　七月十四日，國慶節，是法國最隆重的民眾節日，每年巴黎都要在香榭麗舍大街上舉行大規模的閱兵儀式。編隊飛行的空軍機群呼嘯掠過凱旋門，機尾噴出紅、白、藍三色煙幕，宛如一面巨大的法國國旗在空中舒展飄揚。陸海軍方隊雄壯威武地走過協和廣場的總統閱兵台。入夜，凱旋門上空，明亮的紅、白、藍三色探照燈光柱交叉搖曳，映照著門洞下巨大的國旗。地面上，燈光輝煌；夜空中，焰火繽紛；空氣中，彌漫著《馬賽曲》的歌聲……

　　同一天，在農村也會舉辦閱兵儀式。不過，接受農民檢閱的不是陸海空三軍，而是消防隊員。他們身著制服，吹著號，打著鼓，通過歡呼的人群。然後，他們還要在教堂前的空場上舉行滅火演習。此後，人們在廣場中央豎起一根「奪彩竿」，高大的竿子上掛著火腿、香腸以及菸酒等獎品，誰能爬至竿頂，獎品便歸其所有。

　　同樣的節日，同樣歡樂的人群，同樣是彩旗飄揚，焰火升

騰，但卻形成了如此強烈的氣氛反差：一個是充滿愛國熱忱和民族自豪，莊嚴盛大；而另一個則自然散漫，充斥著利己思想（在農村，一個消防隊員的水槍要比一個士兵的步槍有用得多）。

這就是巴黎和外省鄉下的對立，也是人們在看法國時最易陷入的誤區。他們往往把巴黎的羅浮宮、時裝博覽會、現代派美術館、香水、妓女等當成是法國民族的文化表象，同時又對法國人粗俗、散漫、樂天知命的一面疑惑不解。當我們把視線從法國那張華貴高雅的臉──巴黎──移到她的身段和四肢──外省農村，不禁大跌眼鏡：這位美人居然有一個啤酒桶似的身段和慵懶乏力的四肢。

巴爾扎克對外省人單調和保守的剖析可謂入木三分；所有的小鎮面目都「依照慣例，千篇一律」。外省人像隻單知道在自己窩裡打洞的鼴鼠，井底之蛙，整天為了蠅頭小利、雞毛蒜皮而勾心鬥角；小雞肚腸，利欲薰心；凡事都馬馬虎虎，唯獨「對瑣碎的小事卻激動不已，熱情高漲。這就是為什麼貪婪和蜚短流長能在外省大行其道的緣由。」巴黎也有流言蜚語，但至少還有其他娛樂來分散人們的精力。但在閉塞的農村，人們只有靠傳播謠言來打發時日。

「在外省，你不能當出頭鳥，因為這意味著你的觀點將無人理解。人們希望思維一致，行為劃一。」所以，你得過著同父輩一樣的生活，一天四頓，守著你的財產度日。僵死的道德不是以善惡決定，而取決於興趣和他人的看法。❸

一九五一年所進行的一次民意測驗顯示，有百分之四十六

---

❸ 〔英〕西奧多・澤爾丁：《法國一八四八、一九四五》（Ⅰ），牛津大學出版社。

的巴黎人認為外省人短視、吝嗇、虛偽、偏見、貪婪、愚笨，對別人的私生活過於關心，缺乏教養。相比而言，只有百分之二十四的外省人批評巴黎人矯飾、輕浮、自我中心、喧囂、玩世不恭、缺乏道德和浪費金錢。高達百分之六十四的外省人都對巴黎人有好感，表示他們願意住在巴黎；百分之五十則認為在巴黎可以開擴眼界，受到良好的教育，以此不斷地追求完善自我。

法國有一句老話：「羽毛、啼叫辨飛鳥，言談出口識賢愚。」今天的法國，隨著中產階級陣營的擴大，大多數人經濟的差別幅度減小，一個巴黎人和一個外省人走在大街上，同樣是衣冠楚楚；但一開口說話，區別仍然很明顯。主要倒不是地方方言和巴黎標準法語之間的語音或腔調的差異，而在於話語中所表達的思想深度不一。即使一個普通的巴黎清潔工談起繆塞或巴爾扎克來也是津津樂道，而這些話題在外省人中間很難引起共鳴。就像作家莫里亞克所說：「說話是外省人不了解的樂趣，人們聚在一起是為了吃或打牌，而不是為了交談。」

那次民意測驗還有另一組有趣的數字：只有百分之四十二的外省人知道尚──保羅・沙特是誰（巴黎人中，這一比例是百分之七十九）。許多人還以為沙特是一個交通警察、代理人、畫家或者時裝設計師什麼的。所以，一個知識分子在外省鄉下是孤獨的，並隨時處於人們的視線關注之下。在巴黎，藝術家和作家處處受到歡迎。只要他願意，他完全可以把自己封閉起來潛心作學問而不必擔心受到外界干擾；當他想拋頭露面時，人們同樣會熱情歡迎。

「巴黎的藝術家和作家由於慣於這樣受接待、受尊敬，所以同那些剛從偏僻的角落出來，拘謹、一本正經和抱敵對情緒

的外省『知識分子』不同，絕沒有他們那種戒懼心理。」❹

在外省有一個可怕的戒律：人們只能接受可以回報的禮遇。這種知恩圖報的原則是外省人社交生活中最大的心理障礙。在巴黎，主婦們很善於把人們聚集起來討論某些學術問題；而「巴黎主婦的這種才能，這種度量、學識、才智、情趣、榮譽的藝術在外省是完全不存在的。」外省的男人通常都只是在自己的一個固定、有限的社交圈內活動；他們並不歡迎陌生人加入這個圈子。

這個封閉的圈子甚至擴展影響到家庭生活。在外省，家庭的陰影無處不在，個人的價值只有在與家族利益不相衝突的情況下才存在。人們在家族圈裡明爭暗鬥，互相較勁，看誰家的女兒最快嫁人，誰能找到一個大款，誰能長時間地留住僕人。吃是這個圈子中最重要的大事，廚房是一個家庭最重要的活動場所。富有的人家常常備有兩個廚房，一個自己用，另一個歸僕人。而在巴黎，臥房的地位遠遠高於廚房，所有最浪漫的巫山雲雨和最高雅的沙龍談話都是在這裡進行的。

巴黎與外省的這種對立，構成了法蘭西社會相映成趣的兩個文化表象。但無論是巴黎人的浪漫和知性，還是外省人的散漫和相對的保守，都是法蘭西民族智慧不可缺少的一部分。如果沒有外省人善意的粗俗，巴黎人的典雅浪漫一定會孤寂許多。值得人們品味的卻是，任何一個國家和民族都會有大都市與中、小城市，城市與鄉村之間的差異和對立；但像法國這樣既保持整個民族的和諧，又保留了巴黎和外省在亞文化上巨大異趣的國度，一定在其文化中有一種非常值得世人分析和借鑑的智慧。

---

❹ 莫里亞克：《巴黎和外省》。

巴黎的肚子

巴黎人只需看看自己的肚子就知道，他們實在沒有理由對著外省人的「下里巴氣」掩鼻側目。在巴黎市中心，有一家全市最大的菜場——中央菜場，每天這裡萬頭攢動，人聲鼎沸，各式各樣的人物穿梭往來。

「有很乾淨的女攤販，有穿工作罩衣的種菜人，有把搬運食品用的油膩外套搭在肩上的骯髒搬運夫，有每天在菜市場卻餓得要命、衣衫襤褸的窮漢。」[5]興致勃勃和賣咖啡及菜湯的女人相映成趣，互不干擾。這些普普通通的小市民構成了一個真實的巴黎——作家左拉稱之為「巴黎的肚子」。

「當局者迷」，旁觀者也未必有多「清」。當我們沈迷於貴族沙龍的典雅高貴和王室宮廷的奢華堂皇，在艾菲爾鐵塔和羅浮宮面前驚歎法蘭西民族偉大的藝術創造力時，自以為巴黎已盡攬於心，其實獲得的不過是浮光掠影的一鱗半爪而已。要感受巴黎真正的脈動，還要鑽進「巴黎的肚子」。

真實所付出的代價是遺憾和失望。所謂的「巴黎美人」，其肚子卻實在不敢恭維。正如左拉所描寫的那樣，「吃得滿滿的，美滿如意的大肚子在陽光下鼓得脹脹的，向前滾，一直滾到色當堆屍所。」

說句俏皮話：巴黎人是一種介乎於動物和植物之間的怪胎。他們像動物一樣吃飽喝足，然後又像植物一樣毫無知覺地蒙頭大睡。雖然他們也有生活，但那只不過是一種機械的肢體運動而已。賣菜的人麻木不仁地淪陷於紅黃紫綠的蔬菜水果堆裡，買菜的人每天都按同一時間、同一步履、同一種神情在菜

---

[5] 埃米爾，左拉：《巴黎的肚子》。

攤和人群之間躑躅逡巡。他們很會找樂子，單一個男女之間的話題就夠其翻來覆去折騰一輩子。風流韻事、蜚短流長是他們的精神食糧。不過，巴黎人最大的安慰是安於現狀，就像是「牲口在槽裡嚼乾草」，在「寧靜的氣氛之中獲得極大的滿足」。無論是賣菜的，還是買菜的，他們的身分、角色彷彿是天定的，一根蘿蔔一個坑，命該如此。雖然他們並不缺乏追名逐利的欲望，但長期麻木的植物神經總是使之與機遇擦肩而過，只好望著幸運的背影搖頭，又重新回到自己熟悉的動物——植物圈。

左拉說，他要在《巴黎的肚子》中「展示出在一個市民階級寧靜的肉體下面隱藏著多麼卑鄙可恥和殘酷無情的東西」，「實質上，是萎靡不振，是道德的腐敗、瓦解」，是「遲鈍而得意之消化的失敗」。

這是理性智慧的失敗。理性首先給人們帶來的是思維方式和認知能力的飛躍，但當人們還未能把理性智慧從自然中抽象出來時，他們已經開始循著理性的氣味一步步走向秩序。因此，當人們最終從自身思維的高度來認識理性時，自然而然便把這種思維納入他們心中久存的對秩序的崇拜中。理性一方面使思維獲得了前所未有的深度和自由，另一方面又無法阻止它自身陷於秩序的圍圈而瀕臨僵化老死的邊緣。巴黎人的悲劇就在於他們已不是人在邊緣，而完全墜入理性的深淵卻茫然不知。所以，至少從表面上看起來，「巴黎的肚子」是一群樂天知命、自得其樂的植物人。

不過，理性同樣也造就了一批快樂到瘋狂極至的動物人。他們在雨果《巴黎聖母院》中的「奇蹟宮廷」裡「幸福」地生活著。詩人格蘭古瓦被劫持到「奇蹟宮廷」，他看到了一幅略帶恐怖意味的快樂場景」——

喝得滿臉通紅的醉漢摟著肉感的妓女調笑；假丘八、或叫「滑頭碼子」，吹著口哨，正解開他那假傷口上的繃帶，舒展一下本來十分健壯有力的大腿；假裝香客的強盜全身朝拜聖地的打扮，哼哼唧唧唱著聖詩。「一個小壞蛋在向一個老瘋癲請教發羊癲瘋的妙計，後者教他怎樣嚼肥皂片來口吐白沫。旁邊有個害水腫的正在『消腫』，害得四、五個女拐子慌忙地捂住鼻子。」這些女拐子正爭奪晚上偷來的一個小孩。「到處只聽見粗野的大笑和淫蕩的歌聲。人人自得其樂，自說自話，罵罵咧咧，根本不聽別人在說什麼。酒罐子碰得直響，響聲起處就是一陣爭吵，破罐子又把襤褸的衣衫撕得粉碎。」❻

這些像動物一樣生存的人同樣是「巴黎的肚子」的一部分，並且是被理性社會當成動物一樣拋棄的。理性無法阻止瘋狂，相反，它卻不斷地製造瘋狂，壓抑人、束縛人、扭曲人，乃至最終拋棄人；理性為這個社會不停地生產著植物人和動物人，所以，「巴黎的肚子」會越來越大，越來越怪異。

事實上，如果我們推開任何一座城市的玻璃幕牆熠熠閃光的摩天高廈，鑽入一道道羊腸小巷，都會發現一個城市「真實的肚子」，也都會從中體味出一種真實卻又略帶苦澀的智慧意味，就像「巴黎的肚子」──對城市機械的理性不斷衝擊後的種種意象所表現的那樣。

幾乎所有現代化的國家或地區其實都並存著一種發達的理性的「現代」生活面貌和另一種「落後」的感性的鄉土人情世

---

❻　雨果：《巴黎聖母院》。

態，這是文化有機性的體現。一個社會要保持穩定，逐步發展，必須具有這種「草根性」和「現代性」的有機結合。雖然「草根」層面的生活有時令人覺得粗俗，但小心翼翼處理好這兩者的關係，也是民族智慧之所在。

花都裡的「剛性」世界

　　一八八九年，在巴黎拉丁區的聖米歇爾林蔭道旁邊，出現了一個「醜陋不堪的怪物」。它是作為巴黎博覽會的指航燈塔，由建築師古斯塔法・艾菲爾建造的。習慣於典雅細膩的浪漫情調的巴黎人實在無法忍受這個鋼鐵怪物，他們跑到法院對埃菲爾進行控訴，抗議他擾亂了附近居民的心靈平靜。巴黎的藝術家在一封公開信中把埃菲爾鐵塔描述成一座「令人眩暈的滑稽塔樓，有如工廠的巨型煙囪插在巴黎上空。」短篇小說大師莫泊桑也曾寫道：「我逃出巴黎，遠離法國，因為艾菲爾鐵塔攪得我不得安生。」

　　然而，就是這樣一個怪物，卻完美地體現了法蘭西民族的理性精神，預示著一個科學的理性時代即將到來。巨大的基座支撐起高達三百二十公尺的鋼鐵塔身，卻給人以強烈的穩定感，下大上小、平緩收縮的曲線勾勒出一尊法國式大衛的健碩形象，視覺上的對稱和平衡使人產生心理上的和諧美感。艾菲爾鐵塔是現代科技的產物，是法國人理性科學精神的代表和象徵。全塔二百五十萬顆鉚接孔，在組裝中沒有一個錯位，每個孔洞都精確對接，以至鉚接時都不用銼一下；一千五百多根鋼梁在以後近九十年的使用中沒有一根經過調換。只有現代工業文明的技術支持下，才能創造這樣的奇蹟。

一九七七年初，巴黎人的審美視覺再次受到龐畢杜藝術中心的衝擊。同艾菲爾鐵塔理智、剛性、和諧的文化形象相反，龐畢杜藝術中心體現的是技術時代對人性的壓抑和嘲諷。七層樓高的大樓，所有柱樑、樓板都是鋼結構；在沿街的一面，赤裸裸地展示出各種管道設備，紅藍黃綠的空調、電氣、供水管道縱橫交錯，且全部置於建築外部；一條巨龍般的透明圓筒從地面蜿蜒而上，裡面是一部供人上下的自動扶梯。整個建築活像一座煉油廠。有人諷刺它像一艘碰巧駛到巴黎來的郵船。

　　雖然設計者宣稱：「我們把建築看成是人在其中應該按自己的方式幹自己的事情的自由之地。」因此，開闊的使用空間不設一根柱子，可以根據需要自由分隔。但人們為了身體活動的自由，卻犧牲了視覺和思維的自由。那觸目驚心的管道、構架和凌亂不堪的色彩搭配，強烈地刺激著人們的視覺感觀，破壞了傳統的審美平衡感；冷峻的鋼鐵構件和極端理性主義的機械外形，使人們除了能感覺到物質文明的技術壓抑外，根本不可能產生其他聯想。

　　但是，這種反智的理性主義對現代建築理念的衝擊效應並不亞於曾被視為「鋼鐵煙囪」的艾菲爾鐵塔。它所展示的是人們面對咄咄逼人的工業理性所產生的本能反應──以毒攻毒，用最極端的理性來反對理性·；更重要的是，龐畢杜藝術中心所體現的無智、反智傾向，使傳統的審美智慧體系瀕於解體。平衡對稱是一種美，怪異、突兀、不協調也可以是一種美，價值或意義的有無都不再是絕對的。這其中的微言大義又有誰能智慧出來呢？

　　羅浮宮不僅是法國的藝術寶庫，而且是法國人古典主義精神追求對稱平衡的建築傑作。綿延三個多世紀的歷史沈澱，早已使羅浮宮和它的藏品成為藝術與美的化身，深深地浸透在每

個法國人的意識之中。

　　然而，到了二十世紀八〇年代，一位美籍華裔建築大師貝聿銘（1917～2019）卻敢在太歲頭上動土，他用一個中國人特有的和諧自然觀和美國人的現代精神，來踩合法國人古典式的浪漫和莊嚴。在小凱旋門西面，他設計了一座高二十米、底寬三十米，百分之八十透明、百分之二十反射的玻璃金字塔，作為羅浮宮的地下出入口，而東、南、北三面各立一座五米高的小金字塔，分別指示三條通往主要展覽館的地下自動扶梯。在金字塔的玻璃立面上，藍天白雲、池水漪　、噴泉飛濺，襯托著羅浮宮那夢幻般的層面造型，如幻如影。現代與古典在貝聿銘的玻璃金字塔上得到了完美的統一。

　　這些體現所建年代之科技水準的「剛性」建築，聳立在浪漫的「花都」之中，豈不是法蘭西智慧的又一象徵嗎？

法蘭西的形象認知

　　一八六四年，一名教育檢查官在洛熱山區考察教育情況。在一個村莊小學，他問同學們：「洛熱位於哪個國家？」沒有一個學生知道答案。他又問：「你們是英國人還是俄國人？」學生面面相覷。他們從來沒有考慮過這些問題，竟不知如何回答。雖然這是發生在一個偏僻山區裡的一個偏僻村莊的故事，但它至少從側面說明了一個問題：「法蘭西」概念的形成是多麼艱難。

　　法國人處於歐洲文化的十字路口，上有剽悍的北歐人，下瀕熱情的地中海文明，東臨理性思辨的日耳曼文化，西隔因循守舊的英國人。漁牧型、鬥牛士型、哲人型、紳士型，各類迥

異的文化交融匯聚，構成了法國多維的形象呈現。

　　所以，對一個旁觀的局外人來說，很難用一、兩個形容詞來扣住「法蘭西」的整體文化含義。正像托克維爾在《舊制度與革命》中所分析的那樣，法蘭西是「一個固守原則、本性難移的民族，以致從兩、三千年前畫的圖像中還能把它辨認出來；同時又是一個想法和愛好變化無窮的民族，最後變得連它自己也感到意外。」

　　所以，那些偏僻山村小學的孩子們對法國概念的模糊看來也並不為過。就連普通的法國人對「法蘭西」的形象概念也是眾說紛紜。幽默智慧的拉・封丹、驕傲偉岸的加斯克因公雞、頑固不化的迪朗先生、富有的貴族杜邦先生，都曾被用來指代法蘭西。當然，最著名的法蘭西形象還是那位頭戴一頂三色帽子的女人瑪利安娜。

　　瑪利安娜本是西班牙的一位作家。據說，一位名叫拉法耶特的法國天主教徒因受瑪利安娜著作的啟發，於一六一〇年刺死了法王亨利四世。十九世紀中葉，法國共和黨人在推翻帝制，建立共和國的鬥爭中，為了紀念拉法耶特，就將他們所組織的祕密團體稱為瑪利安娜。當時該團體的一個聯絡暗號是：

　　──你知道瑪利安娜嗎？
　　──山裡的人。

　　由此，瑪利安娜開始具有革命者的朦朧形象。一位漫畫家又別出心裁地給她加了頂象徵自由、平等、博愛的三色帽，於是，瑪利安娜便具有了女人、革命者、共和精神三重象徵。這要比前面那些單面的法國人形象更容易為法國人所接受。

　　菲利普・潘什梅爾曾對「法蘭西」的概念有過一番精闢的

論述──

> 　在法國的兒女、即它的居民們心目中，法國是人們所崇仰、占有和捍衛的一個人、一項財產、一片土地或一種觀念；但它並不作為一片疆域、一個領土組織而出現。
>
> 　法國多少是擬人化了的概念，其擬人化的程度遠較一個疆域上和地理上確定了的國家為甚。❼

　公元八四三年，查理曼大帝的三個孫子在一幅地圖上劃來劃去，劃出一個凡爾登條約，把龐大的查理曼帝國一分為三，法蘭西的疆域遂基本奠定下來。雖然這其中必然包含著無數次的爾虞我詐和明爭暗搶，但至少從表面上看，法國的國界不過是由禿頭查理手中那支筆隨意勾勒出來的。而隨著法蘭西的國勢日益強大，其精神文化、制度風俗成為整個歐洲文明的窠臼。路易十四時代，「普天之下，莫非法土」的概念更是深入人心，而疆域和地界的概念早已被拋到九霄雲外。

　法國人的「唯感性論」使他們相信，一個國家不是由國界線來圈定的，重要的是民族精神。疆界是依情勢而言、可有可無的東西。第二帝國時期的大臣朱爾‧法弗爾曾信誓旦旦地說：「我們絕不讓出我國的一寸土地，也絕不讓出我國要塞的一塊石頭。」然而，在一八七一年普法戰爭，法國失敗後，正是這個法弗爾，在費里埃爾城堡中和俾斯麥祕密談判亞爾薩斯和洛林的領土出讓條件。

　當希特勒的坦克裝甲師逼近塞納河，在通往南方的公路上，成群結隊的散兵游勇、驚慌失措的平民百姓急急如喪家之

---

❼　〔法〕菲利普‧潘什梅爾：《法國》。

犬。戴高樂遠隔英吉利海峽，向人民發出激昂的「六‧一八宣言」：「無論發生什麼事，法國抵抗的火焰都不能熄滅，也絕不會熄滅。」人們充耳不聞。但當貝當以一種疲倦的語調宣布：「是停止戰鬥的時候了。當法國正在受苦受難時，任何人都不能使法國分裂。」人們都紛紛點頭稱是，因為貝當的話與他們傳統的法蘭西概念不謀而合：法國永遠不會分裂，因為她還有自己的精神，疆域、領土的喪失只是暫時的。

「在法國人眼裡，法國的形象是一個富庶而受諸神保佑的人，是一個不會死亡，永遠戰勝困難的實體。所有這種人格主義的觀念，遠不會促進人們對真正的領土問題，亦即嚴格意義上的地理問題的好奇態度。」❽

因此，凌駕於有形的地理區域概念之上的是無形的感性紐帶，它的韌性遠非寸土的一時失得所能割斷。這也是為何法國旅遊部門在對外推銷時，總是炫耀法國風情所特有的那種溫醇和浪漫，而不僅僅著眼於草木山河、名勝風景的原因。

拿破崙神話

伏爾泰曾說：假如上帝不存在，我們就創造一個。

人活著，總是要有點精神的。總是要尋找一個支柱，來支撐內心的平衡；總是要覓求一種寄託，來寄寓自己的理想與信念。與其終生尋尋覓覓、求求索索而一無所獲，倒不如自己創造一個。人畢竟是智慧的動物。

拿破崙便是法國人創造出來的又一個上帝，他的神話成為

---

❽ 〔法〕菲利普‧潘什梅爾：《法國》。

多少年來支撐法國民族精神與自豪感的擎天巨柱。

「拿破崙神話」創作的基本素材是他在囚於聖赫勒拿島上時對自己的生涯所作的回憶與口述。這些文件後來被寫成手抄本的形式，在民間廣為流傳。拿破崙死後，在島上陪伴過他的軍官、侍從和醫師也陸續出版了各種記述和回憶錄，有的回憶錄甚至被譯成德文、英文、丹麥文、西班牙文、荷蘭文等多種文字。那些曾經隨同拿破崙南征北戰的將領們，為了記述他們所經歷過的難忘生涯和分享過去的光榮，也都用手稿和回憶錄的形式，為拿破崙神話添油加醋。而給予拿破崙神話以最大推動力的還是那些詩人、文學家、戲劇家，從雨果、斯湯達爾、貝朗瑞到海涅和歌德等。

他們的生花妙筆所描繪出來的英雄形象，恐怕即使是拿破崙本人再生，也無法認出自己來。連平生與拿破崙從未謀過一面的政治家梯也爾也在其《執政府和帝國的歷史》中滿懷激情地謳歌拿破崙——

> 他才華豐茂；所到之處，他都征服了自然和人？而且聰穎、穩健和虔誠，彷彿是為了迷住世界而造就出來的。的確，再也沒有更好的理由，以便把權力交給這麼一位唯一的人物了，因為再也沒有比遍布了法國社會的那種恐怖更為真實的東西，再也沒有比法蘭西人要求天才人物庇護的更為偉犬的天才人物了。

拿破崙‧波拿巴，昔日的一個小伍長，就在這樣一個接一個的「再也沒有」之中被擁上了神壇。法國人需要拿破崙，雖然他們不一定需要上帝耶和華。一個真實的拿破崙無疑是由他本人所創造的，但一個神話化之後的拿破崙卻是由法國人創造

的——他們在創造神話的同時，也在創造自我。

芸芸眾生，茫茫人海，並不是每個人都能把握住自我的存在。許多人是在為別人的眼光而活；只有從別人的瞳孔裡，他們才能找到自我的形象。也有許多人想為自己而活，卻苦於自己的渺小與懦弱，於是只好又轉向他人；也就在這一回一轉之中，他們創造出他人的神話。在創造的過程中，他們把自己所有的理想都付諸於其形象，使這個神話形象日漸高大豐滿。形象越偉岸，創造者得到的滿足就越多。所以說，創造者其實並不是在創造神話，而是在創造自我，是渺小的自我在神話形象上的一種放大投射。也只有通過這種投射式的放大，他們才能夠把握自我。

在所有關於拿破崙的神話中，流傳最廣的莫過於拿破崙檢閱衛隊的故事了。傳說他每次檢閱衛隊的時候，都要走近某一衛兵，拽拽他的鬍子，提提他的耳朵，親切地叫著他的名字。衛兵持槍立正，一動也不動，滿懷豪情，激動地抽描著，以為皇帝認識自己。於是，一種神話在民間傳開了，說「小伍長」拿破崙知道全軍所有人的名字。

其實，拿破崙的記憶力並沒有傳說中那麼神奇。據他的祕書講，拿破崙只知道裝在彈藥箱中的子彈和彈藥數目，常常記不住人名；有人見到他口授的指示，經常張冠李戴，錯誤百出。所以，歷史學家勒諾特爾在考証了這一神話後，得出結論：拿破崙喜歡經常反覆地閱覽「個人情況登記表」，不斷了解可資啟用的人選。檢閱衛隊的時候，有人從旁提示。

但不管怎麼說，普通民眾還是寧願相信這個神話所傳遞的信息——偉大的拿破崙將軍平易近人，體卹士兵，並且博聞強記，明察秋毫。很明顯，在這個拿破崙神話中，體現著創造者企圖與被創造的神話形象同一的欲望傾向，也從另一個側面証

實了神話中的拿破崙實則是法國的普通民眾自身。

　　但這並不意味著公眾能夠隨時把他們創造的形象與自我完全等同起來，虛幻與現實之間畢竟還是兩個不可同日而語的世界。創造與轉化過程中也存在著放大原理；如果把放大後的形象又縮小到自身，那就要出問題了。

　　一次，政府的一項政令要請德‧夏內爾總統簽署，但簽好拿回來一看，署的居然是「拿破崙」三個大字，弄得工作人員哭笑不得。以後，為了避免類似的笑話，德‧夏內爾總統夫人有時只好模仿總統的筆跡代為簽署。

　　其實，德‧夏內爾總統的毛病也是法國眾多政客常犯的病症，或者說是一種常用的政治伎倆。拿破崙的侄子路易‧波拿巴就試圖借助於其叔父的形象拔高自己，時常在公眾面前混淆兩個拿破崙的形象概念。德斯坦總統一聽到有人把他和路易十五相提並論，就頓時喜上眉梢，從每個毛孔裡滲出來的都是得意和微笑。戴高樂的「自我形象放大症」更是眾人皆知；否則，邱吉爾也不會稱他為「典型的法國人」了。

拉‧封丹與「三S」：閒適的智慧

　　或許是從基督教倫理的聖父、聖母、聖子三位一體說沿襲下來的思維方式，使法國人尤喜用「三」來對事物作模式化的概括。像啟蒙時代的「三劍客」——伏爾泰、孟德斯鳩和盧梭，大革命期間的三面紅旗——自由、平等、博愛，以及紅藍白三色徽和法國國旗等等。

　　「拉‧封丹（1621～1695法國詩人，以《拉‧封丹寓言》留名傳世）的智慧」在法國家喻戶曉，而人們對他的智慧所作

的概括居然也只有三種——詩歌、閑適和女人。

拉·封丹的寓言諷刺詩早已成為法蘭西民族智慧寶庫中的珍貴遺產。有意思的是，拉·封丹的「閑適和女人」同樣也是這個智慧寶庫的一部分，並被他的後人發揚光大。

在拉·封丹看來，價值是一個依時勢可變的體系，它必須服從於人們的生存需要和快樂需要。而品行首先應當是能使自己和自己周圍的人生活得幸福的一種簡單的生活智慧，它並不包含任何價值判斷的內容。「一個明敏溫和，能認真、冷靜地觀察社會和把握自己，並能隨和處世而不因世事過於痛苦的人，將比一個陰謀家或瀆職的官吏更善於武裝自己，去對付他的同代人。」❾

所以，拉·封丹才會放棄神學院枯燥乏味的平淡生活，回到鄉村，去享受恬靜的自然生活；才會壓抑著一個詩人的人格尊嚴和獨立精神，蔭庇於巴黎權貴門下；才會無視於路易十四的窮奢極欲，極盡阿諛奉承之能事，大肆溜鬚拍馬；才會不顧世俗的倫理規範和教會的鄙棄，整日周旋於幾個女人之間；才會大大咧咧地一擲千金，以致於死後只能穿一件單薄的修行者的苦衣入葬。

追求快樂、樂天知命、自然閑適是「拉·封丹智慧」的真正內涵。幾百年來，它成為法國人身體力行的道德聖經和生活哲學。蒙田為「拉·封丹聖經」作了很好的詮釋：「一個知道如何正當地享受生存之樂的人，是絕對的，而且幾乎是神聖的完人。我們由於不懂得利用自己的境遇，故而去追求別的境遇；因為不了解自己的內涵，所以去追求身外之物……最為美妙的生活乃是那些正常適應一般人類規範的生活，沒有奇蹟怪

---

❾ 李莉：《拉·封丹的智慧與法國人的民族性格》。

事，也不放肆無度。」❿

　　咖啡館是法國人閑適生活的一個縮影。在巴黎，大大小小的咖啡館鱗次櫛比，數量絕對超過餐館。下午三點至六點是咖啡館的黃金時間。閑暇無事的人們來此坐坐，品品咖啡，曬曬太陽，觀觀街景，看看報紙；也可以閉目養神，悠哉愜意，三五知己，聊天敘舊；陌路新朋，也可無拘無束，隨意攀談。咖啡館裡還特意為顧客備下筆墨、紙張、信封、郵票等物，供客人在此寫信。咖啡館成為法國人社區生活的一景。

　　但是，今天的法國人越來越不滿足於咖啡館式的閑適生活，他們開始崇尚自然和健康，「三S」的生活模式成為許多法國人追求的目標。

　　世界上通稱的「三S」，即海洋（sea）、陽光（sun）和性（sex）。人們把法國南部的普魯旺斯地區稱為藍色海岸。傳說，這一帶是古代司美之神背著上帝，在人間建造的私人花園，陽光、沙灘、海水、棕櫚，當然還有女人，使藍色海岸成為法國人理想的休閒勝地。每年七、八月份，巴黎人傾巢出動，擁到藍色海岸，把身體插入沙中，戲稱「曬魚乾」或「插蠟燭」；然後帶著一身黝黑的古銅色，得意洋洋地回到巴黎。

　　平時困囿於鋼筋森林的現代城市人越來越無法像拉·封丹那樣，雖處身巴黎繁華奢靡、光怪陸離的花花世界，卻依然能保持一份恬淡閑適的心境；他們只有逃出巴黎，寄情於陽光、海水之間，以忘卻那緊張而單調的生活節奏，拋棄那令人窒息的生存空間。

　　令人遺憾的是，雖然最終他們都帶著滿身的健康色和一臉愜意、滿意的笑容回到巴黎，但外表的健康並不能掩飾內心的

---

❿　引自《讀者》，一九九四年六月號。

脆弱，一時的快樂也不能代表永久的幸福，用不了多久，一層硬繭就會重新包裹住那曾經放浪於山水之間的心靈。法國人在層層防護下獲得了安全感，於自我封閉中求得舒適與安寧，同拉‧封丹相比，這究竟是智慧的進步還是退化？

野蠻與文明

　　從野蠻到文明，人類在物質世界日漸豐裕的今天，卻面臨著精神世界的沈重和空洞。於是，法國人感性大發，在寄情於山水悠閑之餘，對逝去的野蠻又重生眷戀之情；因為在他們眼裡，生存的原始蠻荒就意味著精神的無羈無絆。

　　一八八六年，後印象主義大師高更出於對科學文明的深惡痛絕，隻身一人來到南太平洋上的法國殖民地塔希堤島，想在那裡建立一個「野人藝術學派」，從原始、野蠻、沒有受現代文明污染的土著那裡汲取創作靈感。他學習土著的風格，裸體、赤足，在腰間纏一條布，還娶了一位土人泰胡娜為妻。

　　後來高更回到巴黎，回顧起這段往事，他十分深情地說：「文明逐漸地離開我，我開始簡單地思維，對周圍的人極少惡意；相反，我開始愛周圍的人。我享受自由生活的一切愉快，享受動物的和人間的愉快；我避開一切虛偽；我溶化在自然中……我無憂無慮。」[11]

　　在許多人看來，文明與野蠻的界限，早在亞當、夏娃摘下一片樹葉遮住私處之時就已經劃分得一清二楚了，社會的發展儘管曲折蛇行，但終極目標卻始終如一，就是文明、文明、再

---

[11]　孫浩良：《當代西方藝術理論述要》。

文明。

其實，如果我們有能力把自己的靈魂從肉體中分離出來，單獨加以審視，從理性與感性的角度衡量文明和野蠻，就會發現文明與野蠻的界限在我們的意識最深處卻是模糊一片。每一個文明的細胞中都有野蠻的分子在躁動，雖然它們充滿活力，努力想掙破文明的外殼，但卻始終不能如願。從另一層意義上來說，這也許就意味著，人類實則是將他的大部分能量用來消耗於對野蠻的強行抑制之上。為了一個文明，我們付出的代價實在是太大了。

理性時代的哲人用各種花邊來裝飾文明，他們為人類在科學技術上的每一個進步而歡欣鼓舞，為建立理性的秩序化的社會而構築出一個又一個理論體系和方案。

伏爾泰的一生可以說都是為了他理性的「自然法權」而奔走吶喊，用他那顆睿智的頭顱，用那支充滿戰鬥精神的筆，無情地鞭撻專制，嘲笑宗教，宣揚法律的正義，熱情地謳歌理性。因此，對伏爾泰來說，野蠻是文明人的大敵，從野蠻到文明的進步是自然界永恆的規律，自然賦予的本能和理性必然推動人類從茹毛飲血的野蠻狀態，不斷地邁向文明的殿堂。

理性精神最大的益處並不在於激發人們對自然和科學的探索欲望，更重要的是啟迪人們開始重新認識自我。當笛卡兒喊道，「我思，故我在！」時，他那種找到自我的存在價值之後所流露出來的欣喜和愉悅，即使今天的我們也能感覺到。但是當人類在理性探索精神的不斷驅動下，企圖窮盡自我存在的全部意義時，他們卻疑惑了，笛卡兒的愉悅蕩然無存。「我的確存在，但我存在何處？」理性使人們發現了自我，卻又使人們再度迷失了自我！

所以，盧梭對於伏爾泰的理性崇拜很不以為然。理性的文

明給人類帶來的只是社會的壓迫和剝削，使社會從平等走向不平等，甚至把人的感情也套上一副冷冰冰的鋼鐵枷鎖。

理性社會下的人們其實是在用外在的言論和行為的自由來壓抑內在的意識和人格的自由，這種是表面上的進步，實際上的落後，這種即使人類在物質上文明起來，又使人類在精神上沒落下去的東西，「在詩人看來是金和銀，在哲學家看來是鐵和穀物。」盧梭主張，人應該回到最初自然原始的野蠻狀態。他很羨慕那些飄泊在森林中的野蠻人過著離群索居、自由自在的生活，時常幻想著「到樹林中去尋覓一個荒野的角落，一個人跡不至，因而沒有任何奴役和統治印記的荒野角落，一個我相信在我之前，從未有人到過的幽靜角落。」

一七七五年，盧梭把他的傑作《論人類不平等的起源和基礎》送給伏爾泰請教。在這本書中，盧梭把文明和科學痛斥為戕滅人性的機器，文明的進步是社會和個人一切惡行的根源。他主張人類應該回到野蠻人和動物般的自然狀態，沒有農業、工業、語言和教育，沒有野心、貪婪、嫉妒和戰爭，人的情感是完全自由的。

很快，盧梭就收到了伏爾泰的致謝信：「先生，我讀到您反對人類的新書，不勝感謝。在試圖把人變成獸方面，誰也趕不上您的機智；人們讀了您的大作，一定會渴望用四條腿走路。不過，我深感不幸的是，由於停止練習已達六十餘年之久，我不可能再恢復這種姿勢了。」

在伏爾泰眼裡，就像不釀蜜的蜜蜂和不下蛋的母雞是對自然規律的破壞一樣，離群索居的野蠻人同樣也是對自然規律的破壞。他說，一個野蠻的巴西人根本不是什麼自然人，而是還沒有使自己的特性完全發展成熟的動物，是還要過幾年才能變成蝴蝶的蛹。一個像盧梭那樣四處飄泊的「高尚的野蠻人」，

在理性的文明社會是沒有存在價值的。

　　列維─布留爾在他的《原始思維》一書中認為，文明人與野蠻人之間有著質的區別：文明人的思維是理性的，有邏輯性和科學性；而野蠻人的思維則往往感情用事，富於詩意，帶著神話色彩。這其實也就是理性的伏爾泰與感性的盧梭之間根本思想的分歧所在，這種分歧導致了他們幾十年的惡語相向。尼采曾對這兩個人有過精闢的評價。他說伏爾泰有著「輕盈的腳步、機智的熱情、優雅嚴密的邏輯、目空一切的智慧、群星燦爛的舞蹈」，而盧梭則是「烈火與幻想的化身，滿懷高尚而天真的憧憬，資產階級淑女心中的偶像，他像帕斯卡一樣宣稱，心是自有的頭腦永遠領會不了的理性。」⓬

　　有意思的是，正是這兩個性格迥異的人物，卻推動了十八世紀法國思想的大車。這大概只有在兼具理性與感性的法蘭西民族中才能產生如此奇妙的組合吧！

⓬　〔美〕威爾‧杜蘭：《哲學的故事》。

Chapter 2
法國式的精和神

上帝、國王和英雄的延伸

伏爾泰曾說：假如上帝不存在，那麼我們就創造一個上帝。這種創造可以看作是一個延伸過程。

自然的神祕莫測，使人不由自主相信，冥冥中總有一個上帝在安排、主宰著這一切。雖然這個上帝不一定是耶穌基督，它可能是無形的、超自然的，也可能就存在於萬物本身。人類的智慧使他們從自然中延伸出飛機、萬有引力和法律，但最原始的延伸還是國王和英雄。

人們從自然的神性中延伸出了國王，把他當作是上帝在世間的代表，而國王則有意利用這種自然神性來加強延伸。在法蘭西這塊土地上，產生了查理曼大帝、歷代四十個國王、一位第一執政、兩位皇帝以及無冕之王戴高樂。戴高樂儘管是共和與民主的忠實信徒，但在內心裡卻一向把自己當作法國的救世主和國王。他那國王似的傲慢在外交界是盡人皆知的。

> 一次，戴高樂和羅斯福一起共進工作午餐。席間，羅斯福實在無法忍受戴高樂張口法國，閉口法蘭西，就開玩笑道：「看來今天我得和法國一起吃飯了。」戴高樂毫不猶豫地反問道：「如果不是這樣，那你為什麼和我坐在一起呢？」

在正式的外交場合，領袖無疑是一個國家的象徵，他的一言一行都是代表著國家。但如果在私下的非正式場合，也處處以國家的身分說話，豈不過於牽強。

美國的文化人類學家霍爾在其《超越文化》一書中，曾提出一個「延伸遷移」的現象，意指：「延伸物與被延伸的過程

混為一談，或延伸物取代被延伸的過程之現象。」國王被人們從主宰自然的最高神性中延伸到世間社會後，往往會發生這種延伸遷移的現象，分不清自己究竟是現實中的國王，還是超越一切的上帝。路易十四便儼然以法蘭西的「太陽王」自居，「朕即國家」即是他的名言。

戴高樂也下意識地因襲了這個口號。經常同戴高樂打交道的溫斯頓·邱吉爾對此深有體會。他說——

> 　　在他身上，我卻一直看到貫串在史冊中的「法蘭西」一詞常常表達出來的精神和信念……他是一個逃亡者，一個在本國被判處死刑而亡命國外的人……儘管如此，他卻毫不在乎，傲視一切。甚至在他表現得最為傲慢的時候，在他身上似乎也體現了法蘭西——一個有著高度自豪感、權能和雄心壯志的偉大民族——的性格。

國王的延伸只是一種外在的延伸，就像人們發明飛機一樣。然而，飛機可以從螺旋槳進展到噴射式，一代更新一代，國王卻無法容忍自己被時代的列車所拋棄。因此，他會絞盡腦汁，使自己由外在的延伸潛移默化為內在的延伸，滲透進人的思想，紮下根來，成為人們的自主意識。

一六五三年，在平息了反叛貴族的投石黨運動以後，路易十四深感籠絡人心的必要。為此，他建立了一整套龐雜繁複的禮儀制度，什麼國王起床禮、就寢禮、用膳禮等等，藉此巧立名目，設立許多宮廷職位，如御衣官、御馬官、侍膳官、侍酒官，凡是王室日常的衣食起居、鞋帽褲襪，只要能想得出名目，無一不設專人職司，而這些專人竟全是公爵、侯爵級別的貴族豪門。這些活兒雖然有些下賤，但能出入宮廷，同國王朝

夕相處，在皇恩浩蕩之下，感激涕零都還來不及，哪裡還會再圖謀逆反呢！

相對於國王的外在延伸，英雄的延伸則要深刻穩固得多，因為這是人們內在的主動延伸，很容易被人們通過「延伸遷移」內化於心，並且愈久彌堅。

羅曼·羅蘭說：「我稱為英雄的，並非以思想或強力稱雄的人，而只是靠心靈而偉大的人。」歲月的流逝不會沖走罩在聖女貞德、伏爾泰頭上的英雄光環，因為法蘭西民族的歷史就是由這些光環串接起來的。「太陽王」路易十四是唯一一位成功地由外在延伸的國王轉化為內在延伸的英雄，因為：「路易十四為國家做的好事超過他的二十個先輩做的好事之總和（伏爾泰語）。」而對於拿破崙·波拿巴來說，人們崇拜的是那個立馬橫刀、縱橫疆場的拿破崙將軍，而不是從教皇手上搶過王冠，戴在自己頭上的拿破崙皇帝。

人類社會可以沒有國王，但卻不能沒有英雄，因為，「在英雄崇拜中，有一種駕馭世界的永恆希望。如果人類形成的一切傳統、制度、行為和社會都完蛋了，英雄崇拜仍會存在。英雄的存在是恩賜於我們的；當我們得到這個恩賜時，崇拜英雄便成了我們的機能和必需品。它是一顆北極星，以各種各樣的方式，穿雲破霧，把光澤灑向人間。」❶

---

❶ 〔英〕托馬斯，卡萊爾語，轉引自《人生哲學寶庫》。

從《巨人傳》到凡爾納科幻：
夢幻的延伸智慧

從《羅蘭之歌》中的騎士羅蘭開始，英雄便成為法國人浪漫精神的主要寄託。（編按·羅蘭之歌是法蘭西 11 世紀的史詩，改編自 778 年查理曼統治時期的隆塞斯瓦耶隘口戰役，它是現存法蘭西語最早的文學作品。）

說英雄，誰是英雄？

每一個英雄，其實就是他自己，是自我的意象投射，並經過綜合，上升為國家、民族的集體英雄意象，是自我在幻想的美化和虛幻作用下的擴大。

一個時代會產生一個時代的英雄，從古希臘的大力神海格力斯到斯巴達，從貞德到拿破崙，他們的名字代表了他們所處的那個時代最輝煌的一章。而浪漫主義時代本身就是一個英雄的時代，這個時代的英雄少了些神格力量，多了些人格精神，他們是超人，但卻有著普通人一樣的七情六慾、喜怒哀樂和悲歡離合。

拉伯雷在《巨人傳》中所創造出來的英雄巨人卡岡都亞就是一位既可愛淘氣，又力大無比、令人敬畏的浪漫英雄。雖然他每頓要喝一萬多頭奶牛的奶，撒泡尿可以淹死大批敵人，甚至將巴黎聖母院的大鐘摘下來給他的馬做鈴鐺，但腦子卻笨得朽木一般，僅僅一本啟蒙讀物《字義大全》就學了十八年零十一個月。但這絲毫不影響他的英雄形象，幾百年來，他那大大咧咧、豪氣沖天的形象仍為法國人所津津樂道和效仿。

人們心目中的英雄，其產生就如同夢境一般。在夢中，人

的潛意識失去了理性的控制，可以自由地發泄出來，而英雄則是人們在現實中不能實現的夢想，或受到理性壓抑的激情的一種移情。浪漫主義善於創造英雄，更善於創造自我。在浪漫主義作家筆下，每個人都可以把自己沈浸於夢幻般的遐想之中，過把英雄癮。無論這是多麼虛幻縹緲和荒誕不經，但人畢竟通過這種幻想，獲得了做一個偉人的快感，而一掃昔日不得不夾著尾巴，唯唯諾諾地屈從於理念和道德價值的控制。如果每個人都活得很累，通過浪漫的英雄幻想使自己直起腰來，發現人真正的價值，體會內心感情的湧動，又何嘗不可呢？

儒勒·凡爾納是法國著名的科幻小說家；但更確切地說，他是一個夢幻世界的導遊。他能創造出一個個神祕的夢境——機器島、神祕島、海底、月球、熱氣球、地心。每個人的意識都可以在這些夢境中自由馳騁；他們可以把自己想像成一位船長、探險家、科學家、工程師或者任何一個普通人，但他的遭遇絕不會普通。在經歷了各種奇境，克服重重險阻之後，一個英雄就會誕生。那就是讀者——現實中活生生的人。

當然，幻想過後，人們面對的仍然是如初的現實，仍然不得不把自己再次套上理性的轡頭，因而浪漫主義的幻想家把社會也納入他們的夢境，構築一個理想化的社會成為他們責無旁貸之己任。

巴爾扎克在給喬治·桑的一封信中，談到了自己和喬治·桑之間創作思想的差異。他說：「您尋求的是那種本來應該如此的人；可是，我尋求的卻是本來就是如此的人。」

喬治·桑很浪漫，她和繆塞、蕭邦的愛情糾葛風風雨雨十幾年沒有結果，但她卻始終堅信生活中還有善良、光明的一面。「藝術應當追求真理，真理不是描寫罪惡。人生不只是裝

滿了妖精，社會不光由惡棍和壞人組成，正人君子並不屬於少數，因為社會一直存在於某種秩序之中，罪行不受懲罰的也不會太多。」

喬治・桑把她的浪漫感情寄托於對理想真實的追求，幻想著社會能走向博愛、平等，沒有貧富懸殊和等級對立，以及財產平等。她把自己當作革命的繆斯，拚命為一八四八年六月革命搖旗吶喊。然而她的幻想破滅了，社會正義最終並未戰勝邪惡。她只有遁入鄉村田園，繼續她的夢囈，用她詩意的筆調幻化出一個個浪漫的愛情故事和世外桃源。

只要人類還有夢，這世界就還會有英雄。儒勒・凡爾納這位曠世的善做科學夢幻的科幻小說大家出在法國，我想並非偶然。只有法蘭西感性和理性奇妙交融的夢幻和想像的智慧方能產生這種最大膽假想、又最貼近事實的科學幻想！

法的精神

自然的美就在於它的和諧和規律，而人類的偉大很大程度上就在於他的理性，在於他所擁有的抽象、推理、延伸的邏輯思維功能。一旦這兩者結合起來，人們開始用理性來思考自然，奇蹟便產生了。

在澳大利亞北部和新幾內亞群島的灌木叢中，生活著一種園丁鳥。它們沒有色彩艷麗的羽毛，卻有一項驚人的絕技——很善於打扮自己的家。它們銜來樹枝和草葉，做成一個涼棚似的精緻鳥巢，飾以五顏六色的貝殼、彩虹色的昆蟲遺骸、石子、木炭，甚至還有剛採摘的花朵。雄鳥就是靠這個家來勾引雌鳥前來交配。繽紛的巢穴是對雄鳥沒有同樣繽紛的羽毛的一

種補償，同時也是雄鳥昔日鮮艷羽毛功能的延伸。這種功能延伸是在對周圍環境的不斷作用和適應調節的進化過程中逐漸形成的；而人類同樣也有類似的功能延伸。

從鳥類飛翔的原理中，人類發明了飛機；牛頓從一只蘋果落地獲得啟發，發現了萬有引力──這些都是在自然與人類的延伸機制作用下產生的。

科學的發展，大大增強了人類對自然的信心，使他們完全相信，憑自己理性的智慧，可以把自然界的一切規律都延伸至人類社會。法律的產生最初就是對自然界和諧有序的內在規律的一種延伸。

伏爾泰曾直言不諱地說：「法律是自然的女兒。」孟德斯鳩在《法的精神》中更是開宗明義地寫道：「法就最廣泛的意義來說，就是由萬物的本性派生出來的必然關係。從這個意義上，一切實體都有它的法：神有神的法；物質世界有物質世界的法；在人之上的天使有天使的法；禽獸有禽獸的法；人有人的法。」

法律是自然的系統化延伸，它不同於飛機或萬有引力之類的發明創造和科學發現。後者是相對恆定並不斷進化完善的，而系統延伸則要複雜得多；延伸過程本身的扭曲與歧義自不必說，延伸後還必須考慮到社會、道德、政治、文化的影響。因而，系統延伸有可能是極具彈性和適應性，也有可能變得僵化，亙久不變。

拿破崙無疑是最善於利用法律的彈性來達到自己之目的的。他親自口授了九十五項條款作為共和八年憲法的腳本。就是這九十五條壓縮餅乾式的新憲法，在執行時卻被稀釋為大鍋粥，由四個機構分享：參政院研究法律草案，保民院加以論証，立法院投票表決，元老院提名執政官並保衛憲法。法案從

第一執政（後來是皇帝）手中發出，到四個清淡館周遊一圈，再回到第一執政那裡等待批准。議會之所以分為四個院，並非因為拿破崙有多民主，而是要把立法手續儘量複雜，以掩飾一個很簡單的事實——把法律從拿破崙的左手轉移到右手。

孟德斯鳩很早就預見到了這種情況，他說：「人，作為一個『物理的存在物』來說，是和一切物體一樣，受不變的規律支配；作為一個『智能的存在物』來說，人則不斷地違背上帝所制定的規律，並且更改自己所制定的規律。」

然而，就是這樣一種「違背上帝規律」、拿破崙味十足的法律，在經全民公決時，卻得到了三百萬張贊成票，只有一千張反對票；並且這部法律奠定了歐州資本主義法律體制的基本模式而延續至今。

1762 年法國人的「唯理性論」使他們熱衷於制訂法律規則，並固執地相信它能一勞永逸地適應一切情況的變化。馬達里亞加把法律的墨守成規歸咎於法律和規章的雙重體系。他說——

> 唯理智論的傾向立即奪取了行動範圍，限制它，確定它，並向它投下各項原則的條條框框，任何未來的行為都須與之適應。這就是法律。這些原則的完美的規則性，理所當然地同生活中的不規則情況相去極遠。為了把事物和行為掌握得更緊，理智在法律的條條框框中加進了一套更為細緻的條條框框，這就是規則、章程。❷

僵死的條框分解使法律走上極端的理性，正是這種機械理

---

❷ 〔法〕菲利普・潘什梅爾；《法國》。

性背後實際上卻掩飾著人的非理性衝動。

1762 年 法國南部圖盧茲市有一個新教徒讓‧卡拉，他的兒子由於生意上的挫折而突然自縊身亡。按當地法律規定：每一個自殺者都要被剝光衣服，臉朝下搭在一根橫木上遊街示眾，然後再掛到絞刑架上曝屍。父親不忍兒子死後遭此凌辱，就請求親戚朋友作証，說他的兒子是自然死亡。但是消息一傳出，人們卻把父親的宗教信仰牽扯進來，宣稱他的兒子即將皈依天主教，於是信奉新教的父親便把兒子殺了。法官們居然也被這種謠言沖昏了頭腦，他們抓來卡拉，嚴刑拷打。卡拉始終不承認有罪。可是早已將理性拋到九霄雲外的法庭最後未經審判，就處死了卡拉。

「卡拉事件」在當時的法國思想界引起很大的震動。伏爾泰憤怒地喊出「踩死敗類」的口號，他先後寫了一大批文章、短評、報告來抨擊天主教的狂熱野蠻，要求奪回法律的正義和理性，「絕不要讓有理性的人屈從於無理性者的統治。」（編按‧伏爾泰聽到這件事之後，異常憤怒，他於是親自調查事情來龍去脈，提出了抗議。1765 年教會不得不宣卡拉無罪，其家人始恢復自由。）

人用理智從自然理性中抽象延伸出法律，卻又無法給它一個合乎理性的伸展度，只有任由其或彈性、或僵化。

神祕：向著事物背後延伸

「神祕」是人類一種獨特的帶有自虐意味的心靈體驗。它起源於人類理性手段的貧乏和感性世界的豐富所形成的巨大反差。人類無法用科學的邏輯來論証自己內心世界所感知的事

物，只有靠不可知的神祕感來解釋這種事物加以彌補。

巴爾扎克對神祕現象頗為迷信，他曾醉心於面相學、骨相學、占星術的研究，並經常拿自己內心的某種神祕體驗就教於催眠師、巫師。他認為人有兩重性，即屈服於自然法則的外在人和支配著生命力的內在人。至今科學還不能解釋內在的神祕力量，而巴爾扎克卻堅信，它就像物質一樣真實存在，只是我們凡人無法感知罷了。所以，在巴爾扎克帶有自傳體色彩的小說《路易‧朗貝爾》中，他就塑造了一個超凡的人物來體驗神祕。路易‧朗貝爾對有神祕色彩的書籍非常迷戀，他有一種獨特的「超視力」天賦，能夠在想像中看見叢書中讀到或從別人那裡聽到的事物。當他讀到奧斯特里茨戰役時，耳邊就會迴響起大炮的轟鳴、戰士的吶喊和戰馬的奔騰，而且會聞到火藥味兒。假如他認真地想像刀子在剮他的肉，他就會真的感覺到一陣陣鑽心似的刺痛。「思想能夠導致肉體的痛楚？嗯哼！你說呢？」巴爾扎克不無調侃地說道。

神祕首先帶給人們的是恐怖和焦慮，無論人們用理智的知性分析手段還是憑感性的直接感知，都無法掌握這種超越理性與感性的終極存在，它彷彿同時存在於人的肉體感覺之外。就像巴爾扎克所說的「在生命裡還有一個比生命更強有力的本原。人類一直希望探明這個奧祕和本原，但我們只能通過某些寓意、象徵和跡象去揣度它們。如果上帝保持緘默，那麼生命與物體就永遠負載著神祕的信息。」❸

這種神祕的不可知性，大大損害了人類憑藉理性所獲得的對自然的自信心，恐怖感也就油然而生。而宗教在一定程度上緩解了人類的這種恐怖與焦慮，因為宗教的標誌之一就是信仰

---

❸ 〔法〕安德烈‧莫洛亞：《巴爾扎克傳》。

超自然存在物和超自然力量。當人類借助於祈禱、獻祭和儀式活動等宗教形式來跨越邏輯的理性感知手段，把握了神祕，感受到那不可預知的超驗彼岸，內心的恐懼便會大大降低，取而代之的是：一種心醉神迷的同一性感受和強烈的奉獻感與緊密的歸屬感。

神祕主義（Occultism，祕術崇拜）一詞最初是由一位名叫埃利善斯·列維的法國神學院學生發明的，後來他的弟子巴布斯建立了一個神祕主義宗教團體「世界共濟會特選騎士團·法國共濟會分會」，把神祕帶來的恐怖用宗教化的形式加以淡化。入會的目的是使人類與他已失去的「亞當的特權」再次結合起來，即重新恢復「以上帝之形創造的人神」的原始狀態；說穿了，其實也就是神祕主義所一直力求把握的那種未知的終極存在。

神祕主義到了文學家手中，則變成了張揚人自身的主體精神和意志自由的武器。讓·保爾的《看不見的包廂》、巴爾扎克的《舍拉菲塔》都有神祕主義的傾向。這其中尤以法國現代派詩人波德萊爾最為突出，他曾花了十七年的時間翻譯愛倫·坡的作品，並深受他的神祕小說影響。波德萊爾認為世界萬物之間，客觀對象與主體精神之間存在著神祕的對應關係。在其中，「現實只不過是表象，它或者隱藏著一個觀念和情緒的世界，或者隱藏著詩人所追求的理想世界。」

且看波特萊爾在他的《吸血鬼的化身》中怎樣描寫一位神祕的女人——

> 當她把我的骨髓全部統統吸乾，
> 當我軟綿綿地轉身對著她的臉，
> 要報以愛情之吻，只見她的身上

黏黏糊糊，變成充滿膿液的皮囊！

我不由戰戰兢兢，閉緊我的雙眼，
等我再睜開眼皮在烈日下觀看，
那個像儲血的結實的人體模型，
在我身旁，再也看不到她的形影；

只剩下殘餘的骸骨胡亂地抖動，
就像在冬天的夜間，在北風之中，
在鐵杆頂端的風信雞或是市招，
晃來晃去，自動發出一陣陣喊叫。❹

神祕、恐怖、怪異、荒誕在這裡都是一種手段和工具，波德萊爾用它來展現的是人的精神腐朽，表達的是人被理性文明掏空了思想而徒具骨骸的空殼之後的恐怖與神祕。

或許只有當人類完全失卻感性，變成機械的理性動物，才能最終消除神祕。但這種對任何事物都了然於心，沒有絲毫神祕感的人，還能稱為人嗎？也許這種洞達人和人世皮相以發現另一種「存在」的神祕思路，也正是存在於浪漫法蘭西皮相背後的又一重智慧吧——

占星：古代的迷信和現代的理性

在法國乃至當今世界的其他西方國家，都普遍存在著一個

---

❹ 波德萊爾：《惡之華巴黎的憂鬱》。

奇怪的現象：似乎科學技術越發達，經濟越發展，占星家的生意就越興隆，地位就越高。法國最著名的占星家萊索爾夫人以前還只在鄉間集市上給人算命謀生，而如今卻風光八面，僅在巴黎地區就開了好幾間星相諮詢室，前來尋求占卜的人往往需要提前幾周預約；歐洲第一電台還專門為萊索爾夫人安排了一檔專欄節目，每天接到的熱線電話多達一萬七千通，而來信每個禮拜竟有三十萬封之多。法國人對占星術的狂熱迷信由此可見一斑。

其實，以前的占星家日子並不好過，他們的社會地位同巫婆、殯葬師差不了多少。拉・封丹就曾用寓言詩嘲笑占星家的愚昧無知。一天，一個占星家掉在井底。有人對他說：「可憐的笨蛋，你連腳下的也看不清楚，怎麼還想去觀察上天呢？」誰曾想，當人類的足跡已經踏上月球，「旅行者號」宇宙探測器幾乎掙脫太陽的引力，飛向更為渺遠的宇宙深處時，這些「可憐的笨蛋」竟然又重新受到人們的青睞。

據統計，法國每年大約銷售一百萬冊左右與占星術有關的書籍，公司職員中有三分之一的人經常閱讀筮卜星相的書。法國一些社會學家和心理學家曾經聯合寫出了一份調查報告《星相家的重現》。他們發現，對占星術表現出最大興趣的「不是在鄉下，不是農民，也不是職業結構中的低等階層人物，而是在人口最密集的大城市中心的白領工人。」難道人們真的相信他們的命運是由星座先定的嗎？

命運，相對於浩瀚的星空來說，似乎更為虛幻縹緲、撲朔迷離。在人類的科學理性視野下，太空已不再難以捉摸。借助於哈伯望遠鏡、「發現號」航天飛機（太空梭），人類可以直接感知宇宙的真實存在。但即使用最先進的探測儀器，人類也無法探知自己的意識世界，更不用說預測命運和未來。感性世

界的許多東西都是理性世界所無法判斷和測定的。因此，用可感知的宇宙星系來定位和把握不可感知的意識和命運，占星術在現實社會中的確有著科學和理性無法替代的作用，它的勃興也就不難理解了。

斯賓諾莎在他所寫的《神學政治論》一書中曾就人們對占星術的迷信作過精闢的論述。他說——

> 如果人能夠按照一定的法則支配圍繞自己的情境中的一切，或命運常向人們顯示善意的話，那麼，人們絕不會去相信迷信。然而，人們常常陷入法則全然不起作用的各種困難之中，而且在大多數情況下，即使毫無休止地追求命運的善意，但那是不確定的。因此，在希望和恐怖之間痛苦地擺動著。所以，人在大多數情況下，往往顯示出隨便信奉某種東西的傾向。❺

傳統價值的失落、現實的難以把握、未來的捉摸不定，這是現代社會人所共患的通病。而和諧的宇宙世界在許多人看來是按照既定的規律和順序向前運動的。因而通過占星術，人們把自己的命運同星座的運行聯繫起來，讓它按照同樣的規律運動，人就少了許多煩惱，不必為飄忽不定的命運而擔心，也不必拚命去為那些不屬於自己的名利而追逐不停。

其實，人把自我的價值和命運繫在工業文明的機器上，與繫在自然界的星座運行上，從本質上講並沒有什麼區別；只不過前者是被迫的，不知不覺地被異化，後者則是主動地要求異化，但這種自主的選擇至少可以使人獲得之所以為人的尊嚴，

---

❺ 〔英〕古斯塔夫・雅霍達：《文明的困惑》。

而這種尊嚴早在技術文明把人等同於機器的一個零部件時就被無聲無息地剝奪了。儘管人們依然不得不困囿於算命天宮圖那張看不見的網，但只要他自己感到安全、愜意，感到自己已化為宇宙世界的一部分而獲得從未有過的崇高感，別人也就無權撕開那張網，占星家也就會永遠存在下去。

而對本身具有感性和理性奇妙交融的法蘭西智慧而言，這種把迷信的「感性」與對宇宙星象的「理性」混合在一起形成一種現代的文化景觀，而且這種景觀多半體現於有知識的「白領階級」中，就更耐人尋味了。

憂鬱：浪漫精神的灰色標籤

我的心厭倦一切，甚至厭倦希冀，
不再對命運老提自己的願望；
我兒時的峽谷啊！僅僅給我
暫且一日，好等待死亡。
⋯⋯
我的生命像小溪一樣流淌，
無聲無息，不留名字，永不復返地逝去；
水流雖然清澈，而我煩惱的心靈
不會映出美好日子的閃光。

這是十九世紀法蘭西詩人拉馬丁在他的浪漫主義詩歌名篇《峽谷》中所流露出來的一種世紀末的憂鬱與絕望。

憂鬱是浪漫精神的一個灰色標籤，它源於人類對自我內心

悸動的異常清醒，源於對現實的苦悶和惘然。浪漫主義的憂鬱與古典主義悲劇所渲染出來的情緒有著某種類似，但絕非一脈相傳的連襟。

古典的理性主義時代，上有國家和王權，下有法律和道德束縛，個人的情感必須服從這些理性事物的約束；悲劇的產生則是由於個人的情感與理性的框架之間衝突與碰撞而產生的，而且無一例外的都是理智最終戰勝情感。在悲劇大師皮耶・高乃依（1606-1684）的《熙德》中，羅德里格為父報仇而殺死了唐・高邁斯，為的是維護家族的榮譽。而施梅娜請求國王誅殺她心愛的情人，也是為了維護家族的榮譽。然而，一旦羅德里格為保衛國家，殺退敵人而成為民族英雄，施梅娜便放棄了家族的利益，欣然同意與她的冤家共結連理。雖然整部戲中也伴隨著理性和感情、意志和欲望、義務和激情的衝突，但這種衝突乃至由衝突所產生的悲劇情緒都是用來服務於一個理性秩序——包括王權、國家、家族利益和臣民義務等等。相比而言，另一位悲劇大師拉辛似乎更善於通過細膩的心理分析來揭示人類內心情感與理智鬥爭的悲劇性；但他仍未能脫離古典主義悲劇的窠臼，在他的筆下，感情（包括權力欲、情慾等）仍必須置於國家利益、榮譽的原則等等理性背景下。

無論是高乃依還是拉辛，他們的作品都只能是古典的悲劇而不是浪漫的憂鬱。因為憂鬱首先是個人的內心體驗，儘管它可能是由外界境遇引起的。

盧梭是憂鬱的，他的憂鬱不僅是因為身體的羸弱和家庭的冷漠，更在於他敏感的神經觸感了一個理性的物質世界背後卻存在著精神的束縛和腐蝕。雖然他很孤獨，無論是擁擠於茫茫人海中，還是踟躕於荒郊野嶺，他都感到自己是孑然一身，他的思維和整個身心只有在浩瀚的宇宙和自然中才得以理解和融

合，但他卻不因孤獨而憂鬱，而是因自由而憂鬱。他很慶幸自己的孤獨，因為只有在孤獨中，他才能獲得自由——人身的自由、思想的自由、感情的自由。他的《懺悔錄》和《一個孤獨散步者的遐思》都是在顛沛流離的自由旅途中憂鬱出來的。正如沙特所說：「『孤獨的人』，就是說一個因其思想的獨立性與社會相對抗的人。這個人不欠社會任何情分，社會對他也不起任何作用，因為他是自由的。」❻他是那麼珍視自由，珍視自己憂鬱的權利，以致於敢冒天下之大不韙，斷然拒絕國王路易十五的接見和賞給他的一份豐厚的年金，而不得不像個野蠻人一樣四處流浪來逃避人們的嘲笑和冷漠。

在盧梭眼裡，憂鬱不僅僅是一種心境，它更是一種智慧的思維方式。對世事的敏感導致了他的憂鬱，而憂鬱則使他對現實的困境更為敏感，認識也更為透徹。他看到理性主義把人們從耶穌頭上的光環籠罩下解救出來，使人發現了自身的價值所在，但隨後又把他們拋棄在現代物質工業文明的滾滾車輪之下，每個人都不得不成為機器的一個零件，成為流水線上的一個程序符號；人的價值被物化，人格被制度化，社會被理性化，不再有獨立與自由，他怎能不憂鬱？

盧梭看到了理性秩序下的社會是一個骯髒的不平等社會，貴族的窮奢極欲和平民的純潔高尚形成了多麼鮮明的對比。「只有在莊稼人的粗布衣服下面，而不是在廷臣的繡金衣服下面，才能發現有力的身軀。裝飾與德行是格格不入的，因為德行是靈魂的力量。」德行與地位形成如此的反差，理性秩序下又何來公平？所以，盧梭很憂鬱。

這種刻意追求特立獨行的憂鬱心態，就包含著一種法國式

---

❻ 〔法〕沙特：《七十歲自畫像》。

的精神，它不僅體現為某種知識分子的人格，更滲入到整個民族的行事方式。直到今日，在世界上大聲感歎和吶喊本族文化的危機，並率先採取行政措施（如規定商品中不准使用若干英語外來詞）來遏制美國文化入侵以求民族文化獨立的，法國要算是最突出者之一了。法國式的憂天憂己、憂國憂民，故事實在太多了。

世紀病：理性與感性的兩難對立

　　這是一個世紀末所特有的病症，無以排遣的孤獨和煩惱，剪不斷，理還亂，鬱積於心的是深深的失落，但卻搞不清失落的是什麼？

　　理性，只有理性的失落，才會使十八世紀末的法國人染上這種說不清、道不明的「世紀病」。大革命的疾風暴雨吹走了那片熟悉的天空，把一切舊日的回憶打得七零八落，天與地之間只剩下孤零零、赤裸裸的人，他們無法聚在一起互相尋求慰藉，因為他們渾身如刺蝟一般，靠得太近會刺痛自己，但為了溫暖和安全，為了排遣孤獨，他們又不得不靠在一起。雖然那個瘋狂地把理智擠到一個畏縮的角落的時代已經過去，但人們的腦海裡縈繞不散的依然是大革命的炮聲、硝煙，是人與人之間的血肉搏殺、懷疑、仇恨、恐懼以及未盡的熱情衝動。

　　這一切交織於每個人疲憊的身心，使他們開始懷念起理性時代的好處來。衝動的激情只能是暫時，而理性才是人類生存的常態和基本保證。

　　法國著名作家夏多布里昂（1768-1848）深感於理性失落後的迷惘和痛苦，為我們開了一張「世紀病」的處方；但只有

症狀，沒有藥方。小說《勒內》的主人公勒內出身於一個沒落貴族的家庭，母親死後，便與姐姐相依為命；由於不是長子，被剝奪了一切財產繼承權，只有與姐姐寄親戚籬下。這個世界上，除了他的姐姐，他就孑然一身。然而他姐姐又不幸地愛上勒內，於是他只得與孤獨為伴，遠避他鄉，迷路於巨大的灌木叢中，對著一片被風吹逐的枯葉無限感懷。他「佇立在橋上，觀看落日西沈，並且想著，在那許多屋頂底下，就沒有一個知心人嗎？」他渴望那屋頂下的溫暖和安全，渴望愛與被愛，可他又無法去愛，因為孤獨與失落已占據了他整個心靈。他當然也無法接受姐姐給予他的愛。「唉！我孤零零、孤零零地活在人間！對於生活，我再次又感到噁心，而且比以前更厲害。」以至於覺得「在社會裡的每一個小時都打開了一個墳墓。」

　　夏多布里昂在這部短篇小說《勒內》裡，用優美感傷的筆觸表達了他對這個世紀末時代激情戰勝理智後所留下的那個「墳墓」的憂慮。他把「最富於詩意、最人道、最利於自由和文藝的」基督教作為理性社會的最高權威。而正是這個權威，在法國大革命中曾威風掃地。一七九三年十一月，國民公會宣布各市鎮有權自行決定放棄天主教。一時間，巴黎地區所有教堂被關閉，一切基督教禮拜活動均被強行禁止。在夏多布里昂看來，正是由於基督教理性權威被殘暴地踐踏，才導致人們內心世界心無所屬，使孤獨、憂鬱成為法國人的世紀病。

　　發端於十八世紀末的「勒內世紀病」，竟然傳染到了十九世紀的繆塞身上。在他的小說《世紀兒的懺悔》中，主人公沃達夫是個典型的世紀病患者。他對一切都絕望，對一切都懷疑。當妻子無法忍受他的神經質而去找一個情人時，他更是萬念俱灰；但內心的懷疑又使他無法相信妻子給予他的最真摯的愛情。

同樣的世紀病，同樣的憂鬱症狀，但病因卻大相徑庭。夏多布里昂是痛感理性的失落而陷入孤寂絕望，而繆塞卻是備受理性的壓抑無法解脫，引起內心的彷徨無奈。

人本來就是一種喜新厭舊的動物，在房子裡待久了，希望能出去蹦兩下；在外面活動累了，又想回到舒適的房間。繆塞生活的時代，就是一個理性和秩序已經重建完善的時代，處於對大革命心有餘悸，復辟的波旁王朝加強了對人們思想文化的控制，理性對情感的壓縮到了無法忍受的地步。「沈寂終年不絕，天空中唯有一片百合花（波旁王朝的徽記）的蒼白，他們看著大地、天空、街道。所有這一切都顯得很空虛，只有他們自己教區的鐘聲在遠處迴響。」內心的躁動和激情急切地等待發洩，這些青年當時呼吸的是晴朗天空下充滿光榮、響徹兵刃聲的空氣。他們知道，「他們生來就是要參加那些大搏鬥的。」然而，去哪兒搏鬥？同誰搏鬥？發洩的渠道沒有，只好鬱積心中，結果就是另一種「世紀病」。

感性與理性，永遠是人類內心難以平衡的兩極，只不過在法國表現得更戲劇性罷了。

荒謬：智慧的無意義

一九五三年，巴黎突然多了一句流行語；兩個熟人見面時打招呼，一個若問：「你在幹什麼？」另一個便擺出一副百無聊賴的樣子回答：「我在等待果陀。」這句話源於美國作家史坦貝克（1902-1968）的荒誕戲劇《等待果陀》。

黃昏時分，荒郊野外，枯樹橫斜，兩個流浪漢正等著

一個名叫果陀的人。他們把自己的生存希望拴在果陀身上，果陀一來，他們就可以完全弄清楚自己的處境，就可以得救了。但時間一分一秒流逝，依然不見果陀的影子。兩個流浪漢為了解悶，開始了夢囈般前言不搭後語的對話，做些無聊的動作，脫脫靴子，敲敲帽子，試試上吊。後來，來了位報信的男孩，說果陀今天不來了，明天才來。第二天，同樣的時間和地點，只是禿樹上長出四、五片葉子，兩個流浪漢又開始了無聊的等待。可果陀仍未來。男孩又來報信：果陀不來了，明天來。

生命就是在這種毫無意義的等待之中緩緩流逝，理性社會中那些瑣碎機械的平淡生活，只不過在重複著一個看不見的事實：無意義的荒謬。

在史坦貝克的荒誕戲劇中，情節是無意義的，它們互相既無關聯，也不構成一種發展的線索；場景是無意義的，除了那棵禿樹預示著時間的流逝；人物是無意義的，果陀是誰？沒人知道，連史坦貝克自己也搖頭：「我要是知道，就在戲裡說出來了。」而話語，作為戲劇思想的表達符號，也被史坦貝克扔進無意義的虛無之中。我們所聽到的話語，只是說話者希望我們聽到的，而話語之外的許多真實都被隱藏起來，這種殘缺不全的意義同樣是無意義。語言「這種表達就是沒有可表達的東西，沒有用以表達的東西，沒有據以表達的東西，沒有表達的能力，沒有表達的欲望，可是卻有表達的責任。」❼

「有表達的責任」就意味著話語儘管無意義，也必須表達

---

❼ 〔英〕阿諾德・欣奇利夫：《荒誕說——從存在主義到荒誕派》。

下去，為表達而表達。因為只有表達，它才存在。

愛斯特拉岡：你知道英國人在妓院裡的故事嗎？
弗拉季米爾：知道。
愛斯特拉岡：講給我聽。
弗拉季米爾：啊，別說啦！
愛斯特拉岡：有個英國人多喝了點兒酒，走進一家妓
　　　　　　院。鴇母問他要漂亮的、黑皮膚的還是
　　　　　　紅頭髮的。你說下去吧！
弗拉季米爾：別說啦！
愛斯特拉岡：你要跟我說話嗎？你有話要跟我說嗎？
弗拉季米爾：我沒有什麼話要跟你說。
愛斯特拉岡：你生氣了？原諒我！來吧，狄狄，把你
　　　　　　的手給我。擁抱我！你一股大蒜臭！

　　流浪漢愛斯特拉岡從淫蕩的妓院到溫柔的擁抱，又扯到大
蒜臭，只不過是為了証明他還存在；儘管是毫無意義的存在。
正是這種存在，揭示了荒謬的另一面。
　　荒謬是維繫人與世界關係的唯一紐帶，活著，就是要維持
荒謬，因為人們別無選擇地生活在一個無意義的荒謬世界。
　　古羅馬神話中的薛西佛斯因詭計多端，屢犯惡行而觸怒冥
府，被罰推一巨石上山。然而當他好不容易地把巨石推上山
頂，巨石馬上又滾回原處。他只得重新再來。如此周而復始，
永無盡頭。
　　阿爾貝·卡繆卻從薛西佛斯身上看到了荒謬，因為薛西佛
斯清醒地認識到自己所做的一切都是毫無意義的：巨石推上山
頂，終究還會滾下來，他又得重新開始機械地無用勞動。未來

對他來說是沒有希望的，他只有抓住現在盡可能地去生活；他要窮盡現在既定的一切，義無反顧地面對荒謬的痛苦。

卡繆用一種非理性的樂觀精神給現代社會的薛西佛斯們以極大的安慰。科學、社會、道德組成的理性網，把人的自由和情感限定在一個鐘擺似的範圍內機械地來回擺動。憤怒使他們積蓄起整個身心的力量，要把巨石推過山頂，但巨大的理性網連人帶石地掀回山底，迷惘和倦怠再度捲上他們。而卡繆適時出現了，他用同情的目光透視了薛西佛斯們的處境，然後告訴他們，一切都是現實存在的，包括荒謬的無意義。別聽那個沙特的所謂超越荒謬，追求什麼未來的自由選擇。如果對未來還抱有希望，奔定一個確實的目標，為之奮鬥，同樣也是對自由的束縛，束縛在那個遙不可及的目標之上，而變成了自由的奴隸。還是活著吧！為現實而活著，為荒謬而活。

> 我在山腳下離開了薛西佛斯……整個宇宙沒有一個人，既不使他感到心灰，也不使他感到意懶。每一顆石頭的原子，陰黑山脊的每一線礦石閃光，其自身似乎都能形成一個世界。攀登最高峰的心血已能填補一個人的心靈。我們應該能想見到，薛西佛斯畢竟是快樂的。❽

這些法國佬怎麼都出現了這些關於「荒謬」的荒謬念頭？其中不正也包含著一種法蘭西特有的觀察人生的智慧嗎？沈浸於感性世界的哲學冥想，企圖窮盡主體價值的執著精神，使法國人一步步滑向智慧的荒誕深淵。然而，就像薛西佛斯一樣，明知這是一個解不開的結、爬不上的坡，他們依然還要去解、

---

❽　阿爾貝・卡繆：《薛西佛斯的神話》。

去爬。當他們再度從荒誕中爬起，走向以後的結構主義和後現代主義時，我們不能不從中感悟到一種智慧的悲壯。人生的價值或許也正是凝煉於這跌跌爬爬之中。

恐懼大逃避

逃避是動物在面對危險時的一種本能反應。它們可以撒開四蹄，疾奔如飛地四散逃命；可以用身體的保護色，使自己溶化於大自然；可以佯怒假威，震懾住對方，然後乘機溜之大吉。連最笨的駝鳥也知道把頭埋在沙堆裡，眼不見心不亂。但作為萬物之主的人，打從動物進化過來以後，連這些基本的生存智慧也丟掉了，而不得不反過來依靠動物，逃避生活中他們所不敢面對的某些東西：危險、失意、苦悶、孤獨和疲憊。

理性社會的冷酷無情，使人與人之間愈見隔閡。雖然工廠裡協作生產，大街上摩肩接踵，但一回到家中，便被片片鋼筋水泥牆分隔開來。人只有從他們豢養的寵物那裡尋求安慰。

在法國，有九百萬隻寵物，平均每兩戶一隻；全法國每年花在它們身上的投資高達三百億法郎，相當於郵電部的全年預算。「雞犬得道，人人升天。」與寵物有關的產業，如動物食品、廣告業、雜誌、商店、美容店、診所都因此而一片興旺繁榮。因此，在法國，一記賺錢絕招便是：不遺餘力地從女人和寵物身上刮錢。寵物熱甚至波及到政界。

據說，前總統密特朗他老兄打從心眼裡不喜歡動物，可人們卻時常看見他牽著那條德國狼犬在愛麗舍宮後花園踱來溜去，讓記者們隨意拍照。因為密特朗總統清楚，他身旁的這條狼犬為自己拉來的選票，絕對值得牽著它溜上幾分鐘。因為每

逢大選，寫給總統候選人的各種信件中，有百分之三十是涉及動物保護問題。有位法國人在塞納河玉島北區的一個名叫阿斯尼埃爾的動物墓地裡為他的愛犬花了二千法郎，訂製了一只水泥棺材。墓誌銘上鐫刻著這樣一句話：「人類使我失望，狗卻從未使我失望。」

　　法國人為自己的寵物癖提出了種種理由，說狗可以看家護院，貓能慰藉孤獨，收養貓、狗使人獲得一種保護人的滿足感。這的確是顯而易見、不容否認的事實。但還有一個無形的效用，法國人始終不願提及——寵物使他們有一個逃避社會壓力、逃避人與人之間交往的藉口。每一個人都害怕在別人面前暴露自己，每個人都恐懼社會潛在的不信任、暴力和欺詐。他們寧願待在自己的鋼筋水泥籠子裡，與貓、狗為伍，溝通不可能的語言溝通，交流不可能的感情交流。這種確信無疑的不可能性倒給了他們以極大的安全感，因為貓不會四處張揚他的怯儒，狗也不會暗自譏笑他的脆弱。真不知人活至此，究竟是一種進化，還是一種退化？社會的進化、理性的發展，只不過是在人類內心結成了一個厚實的硬繭，緊緊地包住了那顆易碎卻又感慨萬端的玻璃心。

　　演講家薩沙・吉特利喜歡講一個掌故；一九四〇年，在巴黎陷落之後不久，希特勒跑來參觀他所征服的國家。有一天早上，他靠在玻璃宮的石欄上，眼瞧著塞納河的流水。一個漁人，肩上扛著釣魚竿，從河岸走過去。漁人滿不在乎地瞧著希特勒和他周圍的一群德國軍官，一面往前走，一面嘴裡念叨著：「嘿！就是他。」稍過去一些，他便坐下來，在河邊若無其事地釣起魚來。每當吉特利講完了這個故事，台下的聽眾總報以熱烈的掌聲，很為法國人有這樣不屑於外敵強權的愛國志士而自豪。但法國人似乎忽略了、或者意識到了卻不願承認這

故事背後所隱含的一種略帶酸澀的喻意。

　　在漁人不屑的外表下面，赫然悸動著一顆恐懼不安的內心。他可以在希特勒面前故作矜持，但他能無視於凱旋門下隆隆駛過的德國坦克嗎？能充耳不聞巴黎四周轟鳴的炮聲嗎？能對成千上萬逃離廢都的巴黎難民無動於衷嗎？如果他確實對這一切都泰然處之，就像他在希特勒面前坦然自若一樣，那他的愛國之意義又從何而來？如果他對這一切並非「事不關己，高高掛起」，那他為何又能在戰火紛飛的巴黎安心地釣魚呢？

　　所以說，漁人的行為，乃至於當時巴黎眾多的「留守男士」、「留守女士」，都有一種逃避的心態。雖然他們並未攜妻帶孺，急急如喪家之犬地逃往南方，但在心裡，他們早已遠離戰火，躲到一個僻靜的安全角落。而漁人所選擇的避難所便是那一隅河水。魚是否上鉤，對漁人來說並不重要；他投下魚鉤、魚餌，連同他的恐懼也一起沈到水底，然後就滿懷希望地等待著，等待有人能解除他的恐懼。忘情於魚水之間，法國人再一次借助於動物，來逃避外界的危險和內心的恐懼。

　　一九二〇年一月，德·夏內爾以七三四票的絕對多數當選為法蘭西第三共和國第十任總統。他是法蘭西共和國史上迄至那時得票最多的一位總統。也正是這位最受歡迎的總統，令所有法國人都啼笑皆非，尷尬不已。一次，總統在朗布依埃宮散步，看見一位園丁在河邊釣魚，他便靜立一旁欣賞。可是當園丁收竿換餌時，猛地發現，總統居然站在河中央，水幾乎浸過他的脖子。眾人忙把總統扶上岸。德·夏內爾口中還念念有詞地嘮叨，若要他離開水和總統職務，必須首先承認他的「魚的身分」。

　　權力的欲望，已經燒得這位總統連自己是魚還是人都分不清了。「高處不勝寒」，身居萬人之上的總統也會產生有朝一

日失去權力的恐懼感。魚兒離不開水，德‧夏內爾也離不開總統高位，所以，他便幻覺自己是條魚，藉魚的身分，來逃避自己的恐懼。

動物為了生存才學會了逃避，人類亦然。上自德‧夏內爾總統，下至漁人及普通民眾，借動物來逃避恐懼，倒也不失為一種不智之智，儘管這種智術並不高明，只能算是一種為情感的生存與平衡不得已而為之的無奈之智。

懷疑的智慧怪圈

法國著名的臨床內科醫師特魯梭有一次為一位患臆想症的婦女治病。患者總懷疑自己吞食了一隻青蛙。治療時，特魯梭便抓了隻青蛙，偷偷地帶在身上。然後他給病人吃催吐劑。當病人開始嘔吐時，他趁機拿出青蛙，顯示給病人看，「這就是你得病的原因！現在，你的病全好了！」可這位病人仍然不放心，她滿腹狐疑地問：「它要是把小王八蛋留在我肚子裡怎麼辦？」「絕對不可能！」特魯梭椰榆道；「這是隻雄蛙。」

這位婦女的疑心病顯然有些滑稽，但在法國人看來毫不奇怪。懷疑一切從來就是他們的天性。在法國，有病去看醫生，往往要跑兩、三家診所，因為法國人不會輕易地相信一位醫生的診斷。

極端的懷疑論者往往在理論上陷入一種循環往復的邏輯怪圈：既然一切都是不可知的，都是值得懷疑的，那麼是否對「懷疑」本身也應該去懷疑呢？這個怪圈到了法國的懷疑主義者手上，以獨特的智慧化解了。

「我知道什麼？」這是蒙田向他自己，也是向整個人類提

出的最棘手的問題。人類自鳴得意地認為憑藉智慧和理性，就可以窮盡世間的一切真理。其實，同某些動物比起來，我們的認識能力實在低得可憐。世事變幻無常，又豈是人力所能感知？感覺就像某些透鏡一樣，可能歪曲了我們所認識的事物，感性認識是我們無知的最重要的基礎。

因此，我們既不能從感覺經驗中，也不能從理性中獲得知識；我們不可能說出我們經歷的是什麼，以及我們是否真正經歷了我們以為經歷了的事情。那麼，「我知道什麼？」答案就在一枚蒙田自製的勛章上，正面鑄著這個既簡單又深奧的問題，反面鑄著一架搖擺的天平。一切都在於內心世界的平衡與不平衡之間。智慧的懷疑論者不會肯定任何觀點，也從不輕易否定任何觀點。因為萬事萬物都是無法給予決斷的，所以最好的解脫就是對什麼都不作決定，一切順其自然，任由其發展，關鍵在於求得內心世界的平衡。在蒙田看來，完全按著自然和習慣生活，這才是人類智慧的最高境界。

懷疑精神是和人類科學思想的進步緊密相關的。巴爾扎克曾說：「打開一切科學的鑰匙都毫無異議的是問號。」在懷疑理念的驅使下，人類才會不滿足於權威的、現存的事物和規律，才能發現問題，找出謬誤。所以說，「懷疑乃發明之父。」（伽利略語）但令人奇怪的是，法國人天性固有的懷疑精神卻很少成為他們科學發展、技術進步的內驅力，因為法國人太注重感性和精神的東西，他們苦思冥想的中心是人，是人的意識、價值和存在。

基於同樣的背景，科學理性哲學的奠基人笛卡兒，其懷疑精神也未能步入科學精神的殿堂，而轉向對自我存在的証明：「我進行思維的這一事實使我懂得，存在著能思維的某種東西。」「這個東西又是什麼呢？它就是我。我思，故我在。同

樣，我在懷疑，這一事實也証明了作為懷疑者的我的存在，否則懷疑本身便不存在了。」

如果說笛卡兒是借助於懷疑而找到了自我的存在，沙特卻是因為懷疑而失卻了自我。

沙特在他的代表作《嘔吐》中刻畫了一個疑心者的形象洛根丁。他懷疑一切，什麼也不相信，只凝視著眼前的一種現實：虛無。極度的孤獨和清醒地理解自己的處境，在他身上產生了一種病態的敏感。他看什麼都覺得討厭，公園裡的鵝卵石、樹根、路上的紙團、紈褲子弟襯衫上的吊帶、鬍子上的香水，都使他感到反胃、噁心。

蒙田因為懷疑而對人類的理智喪失了信心，所以退而結網，把自己融入自然，融入生活，從中尋求心靈的寧靜與平衡；沙特卻因為懷疑而對人的存在喪失了信心，索性拋棄存在，走向虛無。因為人類每時每刻都在為了判斷真理而喪失自由，而受制於自身的能力有限，人們得到的只是一些殘缺、模糊的片斷。而懷疑則可以「使人從現存的宇宙中獲得自我解脫和默察幻想的永恆可能性。」❾

我們因懷疑一切而逃避一切，從現實中退縮，從退縮中獲得解脫，從解脫中認識到我們自己不過是一團虛無，一切存在的東西不過是一團虛無。

懷疑，產生於對人類智慧的不信任與否定，終結於對人類生存價值的再思考。法國的智者以獨特的智慧視角跳出了懷疑論者的傳統邏輯怪圈，但最終卻使自己陷入另一個非邏輯怪圈——自我的存在與虛無。

---

❾　沙特：《生活‧境遇——沙特言談、隨筆集》。

同樣發之於懷疑，笛卡兒與沙特卻做出了不同的回答；蒙田更是超然度外，氣定神閑地將存在與虛無在他的那桿天平上稱來量去，尋求最佳的平衡狀態。

婆羅門和老太婆

十八世紀啟蒙思想的發展，法國人獲得了前所未有的自信；他們驚奇地發現，原來在自己那顆看似平常的頭腦中，還存在著概念分析、演繹歸納、綜合判斷等謂之為理性的東西。天地問那渺小的自我陡然間也因這理性而變得高大起來。但從這種自我無限膨脹的過程中，我們不難發現，理性一開始就被非理性的狂熱迷信與虛幻效應所左右著。

當遠避於瑞士邊境的那位「費爾奈教長」伏爾泰一腳把盤據於法國人心中近千年的上帝踹下神壇，當作敗類踩在腳下後，法國人便把理性捧上了教壇，崇拜、虔敬之心絲毫不亞於他們原先對上帝的那份感情，甚至原先那種癡迷的宗教狂熱也被原封不動地搬到了理性之神身上。科學、自然和理性在沙龍裡成為最時髦的話題。博物學家兼作家布封（1707-1788）的科普性巨著《自然史》有三十六卷之巨，然而照樣被人們如獲至寶地捧回家，津津有味、一知半解地啃讀那些《地球形成史》、《動物史》、《人類史》、《鳥類史》的枯燥名詞。

理性，從笛卡兒開始，便被當作一枚可以開啟任何神祕和愚昧之門的萬能鑰匙，自詡人類的認知能力，從此便可以因之無往而不勝。笛卡兒相信，邏輯學、幾何學和代數學中的分析方法，在社會、哲學領域同樣也是所向披靡的；百科全書派企圖把所有的科學知識都博納於一部浩翰巨著中，供人們按需而

取；孔狄亞克走得更遠，他堅持認為「算術的方法適用於心理學」，認為人們可以「通過類似三率法則的運算來澄清我們思想中的基本概念」。

理性真的能使人們的認識能力超越一切，無堅不摧嗎？

據說有一次，狄德羅在街上碰到一個乞丐。他想和對方開個玩笑，便在地上畫了個大圓圈，對乞丐說：「這是我所知道的。」又在旁邊畫了個小圓圈，說道：「這是你所知道的。」乞丐頭也不抬，順手畫了個更大的圓圈，包住狄德羅畫的兩個圓圈，慢騰騰地說：「這是你我都不知道的。」

人的求知欲望是永無止境的，而人的認知能力卻是有限的，把理性當作認識的唯一手段，無異於劃地為牢，把有限的東西再有限化。可憐的是，當理性被人為地神化以後，理性就再也不可能對自身做出科學的分析了；尤其是當它與人自我意識的擴張聯繫起來時，理性就更不可能走下神壇了。

於是，理性——目我——認知，三者如同在水中投下一顆石子後所產生的漣漪，一環又一環，層層向外擴張。但環環推進的同心圓下面卻湧動著非理性的波瀾。雖然人們看到的是規則的圓，但其實那卻是躁動不安的波紋。從這個假想的理論模型中，我們可以看出，理性與非理性的共生與模糊，是不容置疑的事實。

人既然能無意識地把理性與非理性混為一談，那麼在理性的認知能力上無限地進行誇大渲染，自然是輕而易舉的。事實上，人也確實在不知不覺中進行著這種加工創造。

這其中最為自欺欺人的智慧便是把非理性的求知欲望等同於理性的認知能力，自以為他所想認識到的便是他可以認識的。十八世紀後科學技術發明的狂飆突進時代，的確也証明了這一點。然而，當人們把理性的探照燈光射向深不可測的意識

世界和動盪變幻的社會時，這種「唯理性論」的神聖地位便開始動搖了。冥冥宇宙，蕩蕩乾坤，確實還存在著不可「理」喻的角落。

伏爾泰曾經講了一個婆羅門和一個老太婆的故事——

> 一個婆羅門向伏爾泰訴苦：「我已經潛心研究了四十年，卻發現我是在白白浪費時間。我相信自己由物質構成，但始終未能弄清是什麼產生了思想。我甚至不知道我的理解力是否像行走或消化那樣一種簡單的功能，也不知道我用頭腦思考和用手拿東西是否是同樣方式的運動。我很健談，但我說得越多，越覺得糊塗，越為說過的話感到羞愧。」

與婆羅門一牆之隔有一個老太婆，她從來不會考慮這些問題，她由衷地相信毗濕奴會以各種形體顯靈，並認為只要能得到一點恆河的聖水洗身，她就會是最幸福的女人，所以她一直比婆羅門活得開心。

伏爾泰後來對婆羅門說：「離你五十碼開外就有一架無所用心，自得其樂的老機器，而你卻在這裡悲天憫人，長吁短歎，你不覺得害臊嗎？」

婆羅門的痛苦就在於他過分相信理性的力量，而他使用了四十年的理性，卻「始終未能弄清什麼產生了思想。」相形之下，老太婆恐怕從來都不會什麼邏輯推理、科學分析，但她卻有婆羅門所沒有意識到的另一種認知手段：直覺。

法國哲學大師柏格森在《形而上學導論》中說——

> 我們一方面有根據純粹理智雄衍出的科學和機械的技

藝，另一方面又有訴諸於直覺的形而上學。在這兩極之間，關於道德、社會和有機體生命的科學都將有一定的地位；有機體生命的科學屬終理智，而道穗和社會科學則屬於直覺。❿

　　直覺與理性各司其職，同樣都有著對方所不能取代的認知作用。既然如此，人又何必像婆羅門一樣在一棵樹上吊死呢？法國出了個伏爾泰，又出了個對現代人類思維和文學藝術創作有深刻影響的柏格森，理性和直覺的對峙和融合，在法國的精神中處處可見奇妙的蹤跡。

---

❿　〔波蘭〕拉‧科拉柯夫斯基：《柏格森》。

Chapter 3
法國式的政和治

理智與激情的天平

　　每個法國人都是天生的政治家，因為他們有著政治家火焰一般的激情。但他們中絕大多數未成為真正的政治家，因為他們缺乏政治家冷靜的頭腦，無法用理智控制自己的激情。

　　在人的內心世界裡永遠存在著理智與激情的鬥爭。你無法放棄理性，單憑一腔熱情奮勇直前；你也不可能對任何事物都超然度外，漠不關心，憑徒具空殼的理性得道成仙。無論你如何想擺平這兩者的關係，「理性照樣延續下來，以責備激情的邪惡與越軌行為，並讓那些一味順從激情的人不得安寧；激情也永遠活躍在那些妄想放棄激情的人心中。」❶

　　法國人的靈魂世界裡同樣有著一架理智與激情的天平。如何來調整這架永遠不會平衡的天平，生活中的法國人顯示了高超的智慧。他們從不去刻意為之，而是順其自然，因為天平總是圍繞一個平衡的基點作小幅度的搖擺運動，絕對的平衡在有空氣的環境下是不可能達到的，所以順乎天性，順乎自然，「讓天經地義和自然的理性驅散頭腦中的謬誤和異想天開的奇事」❷，便成為法國人生活智慧的最高境界。

　　但是，一旦這架情感的天平置於激流澎湃的政治運動和革命狂潮中時，法國人那種怡然自得、寧靜致遠的超然形象便蕩然無存，砝碼被重重地壓在激情的托盤上。也許是從久遠的羅馬帝國那裡承繼下來的對政治的崇仰和狂熱，也許是那些口若懸河的政治演說家的鼓吹和煽動，也許是天花亂墜的許諾對富於幻想的法國人具有魔咒般的吸引力，也許是膩味了平靜單調

---

❶　帕斯卡：《思想錄》。

❷　〔法〕蒙田語，引自《西方思想寶庫》。

的生活而再也無法壓抑蠢蠢欲動、急待發洩的激動，法國人行動了，互相感染與融合，很快就涯成一發不可收拾之勢。

他們砸開巴士底獄的鐵門，衝進杜伊勒里宮（杜樂麗宮），摧毀旺多姆廣場上的凱旋柱，把路易十六和丹東，革命者和反革命分子，王后和妓女，一貧如洗的乞丐和富可敵國的貴族，投機倒把的、裡通外國的紛紛送上了斷頭台，「巨大的斧子沿著滑槽，像打樁機的落錘一樣滑落下來，人的生命之燈轉瞬就熄滅了。」❸喪失理智的人群擁向刑台，用雙手沾滿死者的鮮血；有的人登高一呼，發表著激昂的即興演說；數百名男男女女圍成一圈高唱《馬賽曲》，他們的眼眶裡含著激動的熱淚。就連孩子也喊著：「暴君人頭落地！」——

羅伯斯庇爾也殺紅了眼。為了消滅「人民公敵」，他頒布了《懲治嫌疑犯條例》，在巴黎及各省設立了革命法庭。斷頭機已不敷使用，法國人就發明出一次槍殺數千人的「齊射」和在羅瓦河中把罪犯大量溺斃的「溺死刑」。而這一切離一七八九年發表《人權宣言》不過才四年時間。最後，連羅伯斯庇爾那顆狂熱的頭顱也被並不比他理智的熱月黨人一刀斬下。

歷史的天幕上依然不斷閃現一幕幕驚心動魄、熱血沸騰的革命場面：拿破崙大軍橫掃歐陸，六月起義的戰士在街頭巷壘中鏖戰，巴黎公社的紅旗在拉雷茲公墓前倒下……只要法國人的激情不息，這齣戲就將永遠演下去。

法國是一個政治思想極為發達的國度，孟德斯鳩的「三權分立」學說，聖西門、傅立葉的「空想社會主義」都是不乏理智的先見之說。同時，法蘭西民族又是一個以激情四溢的政治人格著稱的「革命一族」。思想的理性與行為的感性之間所形

---

❸ 〔英〕托馬斯・卡萊爾語；引自巴巴拉・萊維：《巴黎斷頭台》。

·杜伊勒里宮（杜樂麗宮）

成的悖智，其微妙的契合、偶爾的失範和奇特的並行，就是本章所要極力把握的法蘭西民族政治智慧之精髓。

法蘭西的革命癖

一七八九年七月，巴士底獄的槍聲傳到了杜伊勒里宮。國王路易十六顯得十分平靜。他問身旁的大臣：「這是一場暴動嗎？」他還以為，外面只是一些暴民在發洩不滿的情緒。暴動對他來說，不過是損失點金錢而已，最多到凡爾賽宮避避風頭。還是那位大臣很有遠見，他憂心忡忡地回答：「不，陛下！不是暴動，是革命！」

從政治的角度，革命或許意味著王權的喪失和社會力量的

重組。但從心態的角度來看，暴動只是一種情感宣洩和破壞欲，激情革命的背後卻是社會理想與理性的傳統秩序之間的兩難抉擇。

　　從來沒有一個民族像法國人那樣，把最理想的革命、最現實的生活，乃至最保守的懷舊情緒集於一身。浪漫的理想主義使他們始終幻想著一個「自由、平等、博愛」的黃金天國；歐陸上封建王權最為根深柢固的法國卻孕育了最為激進的社會理想。法國人不斷地為盧梭、伏爾泰、狄德羅、繆塞、聖西門等人所描繪的理想國而激動不已。但理性最終仍使法國人不得不回到現實。無論是理想還是現實，推動著革命潮起潮落的始終有一隻看不見的手，那就是對秩序的渴望。

　　法國人有一句諺語：「秩序美是所有美之最。」他們把這

·街頭槍戰，革命了！

種美融於最早的《大薩利亞法典》，融於嚴格的君主專制體系，融於謹然規則的法語，直至最後化為法國人內心永存的情結。他們習慣於用一個井然有序的強大法國來維持自己內心中那個很小，但同樣是寧靜有序的國度。偉大的路易十四時代和「受愛戴的路易十五」時期，法國的君主專制體系發展到了最為完善的頂峰——路易十四的威望遠播四海，激起了法國人強烈的民族自豪感：路易十五則把法國人從連年的戰爭、飢荒、窮困、宗教迫害和賦稅重壓下解脫出來，用他的懷柔政策創造了一個穩定安寧的理性秩序。許多法國人心目中都形成了一個定式：國王。法國＝秩序＝安寧。當貞德率領七千多名法國士兵鬥志昂揚地開進奧爾良城時，憑她的號召力量，足以掀起一場「革命」。但最終，她只是手持旗標，在查理太子的加冕禮上，心滿意足地站在新國王身旁。她終於又找回了被外敵粉碎的王權秩序。

但一切都在潛移默化中蛻變。到了路易十六時代，先朝的沈病泛起，人們彷彿突然從夢中驚醒，發現生活並不像他們想像的那麼美好，王朝的秩序猶在，但已百病叢生，不堪重負。就像黑格爾在《歷史哲學》中所說的那樣：「大革命以前，法國的政治局勢所呈現的不過是一團徹底踐踏思想和理性的特權混合體——一種道德和精神腐敗透頂的完完全全的非理性狀態——一個以法的匱乏為特徵的帝國。」❹

終於，在僵死的秩序中幾近窒息的法國人再也無法忍受，他們壓抑的狂躁如憤怒的火山般噴射而出；借助於革命的激情衝動，一個千瘡百孔的舊秩序摧枯拉朽般被粉碎了。但隨之而來的則是更為嚴峻的兩難抉擇——到底要如何去建立一個新的

---

❹ 轉引自《西方思想寶庫》。

理性秩序？

政治家在探索，他們建立起共和的民主秩序，普通的法國人卻在困惑和猶豫。魯日・德・李爾譜寫的《馬賽曲》曾經激勵了多少法國勇士前赴後繼地投入革命戰火，但李爾本人卻始終無法釋懷他對國王所作的宣誓而去向《國民法》宣誓效忠，最後不得不遠走他鄉，差點被雅各賓派送上斷頭台。

羅伯斯庇爾在共和旗幟下所發動的紅色恐怖，使法國人對新的秩序產生了懷疑。只有逝去的才是最珍貴的，昔日波旁王朝一統天下的美好時光重新被記憶喚起，那失落的甜香氣味同眼前的血腥氣味形成了巨大的反差。所以，當拿破崙從教皇手中搶過皇冠，戴在自己頭上時，全國的臣民都歡呼雀躍，跪地稱服。又一個法蘭西帝國的皇帝誕生了。

「自由、平等、博愛」是法國人理想主義的智慧結晶，是他們對新秩序寄予的厚望。但當羽翼未豐的新秩序實際上連法國人最基本的生活秩序都無法保障的時候，法國人便從理想精神的最高峰跌落到現實世界的低谷，他們無法選擇。為了理想，他們應選擇共和民主，但面對現實，他們只能懷舊。革命伴隨著社會的動盪、價值的重組、法國和秩序的崩潰和重建，這對於長期習慣於安居樂業的法國人來說是難以忍受的痛苦。他們富於理想，也不缺乏為理想而獻身的激情，但卻不能持之以恆；激情如潮水般時漲時息，高漲時驚濤拍岸，氣勢滔天，但最終仍不免悄無聲息地退入大海的懷抱。

斷頭台和「革命」的法國智慧

斷頭台是法國理性的人道主義和科學精神的共同產物，多

少年來，它成為法國政壇風雲際變的見証。

　　一天，「鎖匠皇帝」路易十六收到一份奇怪的機械圖紙。一米高的工形木台旁，立著兩根開著槽的立柱。立柱之間的橫樑上安著刀，用鉛錘保持平衡；立柱下有一塊可以移動的厚板，上有兩塊半圓形開口的夾板。這台機械沒有名字，旁邊注著它的設計者的名字喬丹（Guillotin）。於是，這台用於處決犯人的斷頭台便被稱作「喬丹機」。

　　且說路易十六對著喬丹機的圖紙研究半晌，發表了他的高見：「刀刃不該是新月形的，而必須是三角形，就像割草的鐮刀那樣是傾斜的。」他還特意親手畫了一幅草圖。但僅僅就在九個月後，路易十六的頭顱就被他自己「親自設計」的三角形鋼刀一刀砍下。

　　這不是一個僅具諷刺意味的揮曲，它所隱喻的怪圈自始至終籠罩在斷頭台的周圍。

　　斷頭台是法國人理性智慧的產物。一七八九年八月二十六日，巴黎制憲會議通過了《人權宣言》。受其影響，巴黎一位著名的醫師，同時也是制憲會議議員的喬丹提出了一個「死刑平等」的議案，主張廢除用刑上的不平等。因為以前，貴族犯了死罪，只能用斧子斬下他們高貴的頭顱，而平民則可以用絞刑、凌遲或車裂處死。喬丹認為這是極端不公正的，也是不人道的。因此，他建議必須找到一種迅速而又不造成痛苦的死刑處決方法，公正地適用於每一個死囚，而不論其出身的貴賤和地位的高低。

　　在當時的氣氛下，喬丹的議案順理成章地得以通過，議案的制訂者自然也就當仁不讓地成為這種機械的設計者。喬丹找到了當時巴黎的劊子手世家第三代傳人夏爾‧亨利‧桑松，經過他倆幾個晝夜的反覆設計、修改，一種能將罪犯的頭顱和身

· 斷頭台

軀迅速而無痛苦地斷離的機
　械裝置終於誕生了。他們請一位鋼琴機械師繪出了全部草
圖。很快，喬丹機的名字在巴黎不經而走。喬丹很不情願人們
把他和斷頭台聯繫在一起；他也隱約感到這其中的滑稽——一
個醫生的智慧不是用來救死扶傷，卻在設計如何使人更快地走
向天堂。

　　不過，這齣滑稽戲的高潮還在後頭。隨著一七九三年一月
二十一日，國王路易十六被處死，王后瑪麗·安東尼特，刺死
馬拉的凶手夏洛特·柯爾塞，吉倫特派領袖布里索及渲赫一時
的羅蘭夫人，左派的阿貝爾，還有雅各賓派的羅伯斯庇爾、聖
鞠斯特先後命喪斷頭台。僅在一七九三年九月二日到六日，就
有成百上千的人被押上斷頭台。從清晨直到午夜，鋼刀不停地

升起又落下。

　　英國散文作家、歷史學家托馬斯‧卡萊爾對此評價道：「斷頭台加快了種種事件的進程，它經常體現出更快的運作。斷頭台的下落速度是顯示法國全面走向共和制速度的最好指針。那巨大斧刃的金屬質鳴響，宛如心臟擴張、收縮的上下運動，構成了整個長褲漢事業的巨大生命跳動和脈動的一部分。」

　　然而，這又是一種何等怪異的生命跳動。掌權者對於鮮血早已麻木不仁，他們剛從血肉橫飛的政治舞台上殺將出來，就又重新掄起斷頭台的鋼刀殺了進去。在這種瘋魔般的迷幻狀態下，即使是最理性的斷頭台也瘋狂起來，理性和非理性的界限在斷頭台上已經模糊一片。鉛錘與鋼刀上下翻舞，那鏗地一瞬間所迸發出來的已不是鮮血，而是人們瘋狂的吶喊。理性本想用科學的武器去砍下那些非理性的頭顱，而事實上，它剁下自己的腦袋，變成一個瘋狂的理性與非理性的兩棲陰陽怪物；同時，還在不斷地製造瘋狂。

　　巴黎人向來對處決死刑犯有一種莫名的狂熱。每次格雷夫廣場前執行死刑時，總是被圍得水洩不通，男男女女，老老少少過節似地從城市的各個角落湧到廣場，四周住宅臨街的窗口被搶訂一空。巴黎的法官大人似乎也非常樂意滿足人民的願望，他們充分調動自己的智慧，變著戲法，使處刑場面更富刺激，諸如遊街示眾、鞭笞、烙刑、四馬分屍等等。當巴黎人對這些也司空見慣而逐漸麻木不仁時，斷頭台的出現無疑又重新點燃他們的熱情。婦女們忙著追趕最新時尚——戴上金質或銀質的斷頭台狀耳環，孩子們玩著他們的「變形金剛」——斷頭台，拆了又重新組裝。法國人理性的科學精神和感性的狂熱精神從孩子們身上頗具諷刺意味地折射出來。

斷頭台起初安放在格雷夫廣場，屢經搬遷後移至革命廣場（今協和廣場）。廣場很快便因此成為巴黎人新的社交中心。據當時的警察報告：「（革命廣場）擠滿了像雞群一樣往來奔突的慌慌張張的人群。為了不放過這一飽眼福的大場面，他們忽而擠向左，忽而擁向右。有人為了保持最好的視線而不斷跳起；有的人爬上了梯子；有的人則坐在馬車裡或站在貨車上。」面對這樣的場景，有誰敢肯定地說：台上挨斬的人一定比台下看斬的人瘋狂？

「這是一座舞台，只是演員換了。」精疲力盡的劊子手夏爾‧亨利‧桑松望著他親手參與設計的「殺人機器」，意味深長地說道。

在這座舞台上，主角從「喬丹機」到革命群眾、從理智到瘋狂，角色的轉換不可謂不快，其心性的嬗變也幾乎是一蹴而就。然而也正是這種疾風驟雨式的激情使法國人得以執世界革命運動之牛耳，並以其徹底性、廣泛性，令其他各國死水微瀾般的上層精英政治相形見絀。

街壘後的市民與農民

博物學家布封在其卷帙浩繁的《自然史》中，把河狸當作是「體現野獸的智慧和有秩序的動物社會唯一倖存的紀念碑」。這些可愛的小精靈一天到晚忙忙碌碌，「採取並非盲目而是有分工、有合作的行動」，來構築它們的堤堰和家園。「它們有的沿河插下密集的木樁，用樹枝在木樁之間編織成籬笆；有一些河狸則去尋找泥土，用腳將泥和水拌合；它們用前肢搬運泥土，將木樁之間的空隙填滿。」真是一群天才建築

師！可惜我們無法了解河狸的智慧心態，也無從探知它們協作構築堤堰的「社會」意義。但如果我們用同樣的觀察視角把目光從河狸轉到法國人身上，類比一下，便會發現兩者之間微妙有趣的偶合現象。

社會學家阿蘭・佩雷菲特曾說：「如果沒有街壘和石塊，巴黎也就不成其為巴黎了。」巴黎人構築街壘的智慧絲毫不亞於河狸，並且由街壘所聯繫的團結協作精神相對於河狸之間的分工協作，也毫不遜色。

在巴黎，街壘的形象是同革命、暴動、起義、示威等群眾性的反抗運動聯繫在一起的。五年一小亂，十年一大亂。巴黎人好鬥的天性和追求自由、進步的革命精神混雜在一起，使得街壘每隔一段時間，都會在巴黎的大街小巷上築起。

一八三〇年七月，波旁復辟王朝已變成眾矢之的，人們積

・街壘對抗

蓄已久的憤懣終於爆發。廿七日，閑散的工人和學生開始擁上大街，搗毀帶有王室徽章的標誌，衝擊槍支商店，並著手築起街壘，抵抗前來彈壓的國王軍隊。第二天清晨，工人、原國民自衛軍戰士、學生以及普通市民匯起群情激昂的「河狸群」，剎那間，巴黎全城布滿了用鋪路石塊、推倒的馬車、家具及砍倒的樹木築成的上千個街壘。一八四八年二月革命期間，巴黎人一夜之間在巴黎東部四分之一的地區築滿了街壘，總數竟達一五七四座。同樣的街壘戰術在隨後的六月起義、一八七一年的巴黎公社，乃至一九六八年的「五月風暴」中都可以看到。

雖然這些革命或起義的意義迥乎不同，鬥爭的對象也從國王到資產階級，再到「五月風暴」中無形的鬥爭對象，形勢變幻莫測，但街壘卻作為表達巴黎人頑強信念和革命熱情最醒目的智慧象徵，一直沿襲不變。一群群激情憤怒的巴黎人躲在街壘後面，手持武器，高聲叫罵；他們像河狸一樣急急穿梭於一個個街壘構築的軍事迷宮，石塊、武器、彈藥、消息、謠言，還有那看不見的激情和同仇敵愾的友情，都伴隨著他們忙碌的身影，匯流於各個街壘之間。

在巴黎人眼裡，街壘並不單純是一個掩體防禦工事，因為這些用石塊、木棒搭起來的街壘在敵人的炮火之下，頃刻間便會被揉成齏粉一般。它是一種精神的象徵，一種任何強權的炮火都滅殺不了的為信仰而獻身的精神，同時也是巴黎人強烈感性和激情勃發的產物。

儘管激情的巴黎人能夠在一夜之間築起上千個街壘，但在法國農民的築堰智慧面前，卻是小巫見大巫了。

法國農民終身都在構築自己的街壘，但這街壘卻潛於無形，不事於物。也正是因為這種無形之智，才能綿亙千載，潛移默化於法國農民的生命本質之中。

起初，農民們構築堰壘是迫不得已，出於生計。他們的力量實在是太過於薄弱了，任何天災人禍都足以毀滅多年的慘淡經營。歷史學家馬克·布洛赫在《法國農村史》中滿懷同情地列舉了農民們所面臨的諸多危險：「無休止的信貸困難的危機，進口穀物的競爭，由雇傭勞動者外流和人口出生率下降引起的勞動力短缺，農民日益需要的工業產品的漲價。」以及大地主和資本主義經營者的層層盤剝。

　　農民無力正視這些危險，他們只有退一步築起一道道心理的街壘，屏護住那一處安寧。當這種心理屏障歷久彌堅時，就會逐漸成為一種行為的壁壘，使他們安於一隅田地，不思變化。當英國農民已經被「圈地運動」逼著向城市手工業者轉化時，法國農村依然是一片怡和恬靜的田園景象，耕作方法一如既往——休耕地、天然肥料和原始的間種制。農民堅持認為村鎮的畜群可以隨處放牧，管他是富人的，還是窮人的田地，因此他們絕不能容忍富人們把自己的地圍圈起來。任何革新，只有當它不再成其為新時，才能被農民接受。自給自足是農民最崇高的理想，一個農民如果吃的不是自己烤製出來的麵包，他是難以下嚥的。

　　農民們滿足於生活在自己的世界裡，因為有了堰壘的保護，他們可以高枕無憂。然而，堰壘愈是堅固，內心世界的脆化趨勢也就愈加明顯。就像一隻河狸，置身於舒適安逸的堰壘裡，但稍有風吹草動，便會瞪著一雙驚恐萬狀的小眼睛，隨時準備棄家而逃。

　　一七八九年法國大革命前後，蔓延全國農村的「大恐慌」一覽無遺地暴露出農民心理在堰壘所掩飾下的脆弱。那是一個謠言紛飛的「心理恐怖」時代，各式各樣駭人聽聞的傳說都有，諸如貴族的陰謀策動，可能勾結外敵入侵法國；可能會有

大批盜匪乘亂出山橫行，燒殺姦淫；巴黎和其他大城市都在宣布驅趕乞丐和流浪漢，這些「盲流」可能會像蝗蟲般席捲掃蕩整個農村；城市裡的飢民騷亂和土地暴動，使國民衛隊可能下鄉來查抄貴族鄉墅和徵集糧食。一切都只是可能。當然如果沒有這些「可能」，謠言也就變成事實了。但一個不成規律的規律卻是：謠言往往比事實跑得更快，傳播得更遠，具有的心理摧毀力也更大。農民們精心構築的心理圍堰便是在這一個接一個的「可能」之中被衝得七零八落。

「大恐慌」的面積廣達幾個省，謠言流傳的路線竟長達幾百公里，驚恐的情緒如潮水般一浪高過一浪，由一地很快波及至另一地。部分地區農民的神經徹底崩潰了，他們開始燒掠貴族宅第，謀殺貴族，搶劫財產。巴黎的大革命浪潮就這樣畸形地波及到了農村。

巴黎市民把他們的街壘當作抵禦強權、反抗暴政的精神堡壘，法國農民把他們的圍堰當作維護心靈安寧、阻擋外界風雨的心理屏障。同樣都是河狸的築堰智慧內化於心，但獲得的效果卻形成如此強烈的反差──一個摧不垮、毀不掉，歷久不衰，一個卻脆弱得竟然不堪謠言一擊。

戰爭的感性神話與理性組織

德國的馮·克勞塞維茨是第一個把民眾戰爭提高到戰略地位上加以考察的軍事理論家。在他的《戰爭論》中，他認為，民眾武裝的出現是戰爭「過程的擴大和加強」，對戰爭有著重大的精神作用；「甚至只有在民眾戰爭中才能發揮出效果。」克勞塞維茨的這一理論，早就被法國的農民、手工業者和城市

無套褲漢（即長褲，當時貴族是穿裙褲的）運用於戰爭實踐中了。

一四九五年，在弗諾沃戰役，義大利人看見法國士兵前赴後繼，踩著同伴的屍體衝殺過來，驚得目瞪口呆，稱之為「法國式的狂怒」。一七九二年七月十一日，普奧聯軍壓境，立法議會一聲「祖國在危急中！」巴黎就有一萬五千人志願報名參加義勇軍，一支從馬賽開來的義勇軍，一路高唱著激昂雄壯的《萊茵軍戰歌》（即《馬賽曲》），步行二十七天，進入巴黎。對於法國軍隊，馮‧克勞塞維茨不以為然，但對於那些四處分散，關鍵時刻又突然集結在咽喉地帶的農民散兵，他卻充滿欽羨之情。正是這些毫不怕死、熱情衝動的義勇軍，使克勞塞維茨意識到民眾的激情一旦調動起來投入戰爭，其巨大的威力是難以估量的。儘管他們並未經過正規化的軍事訓練，有的手裡僅有一把刀、一桿槍，但他們奮勇頑強的精神威懾力卻往往能使訓練有素的正規部隊也不寒而慄。

巴爾齊尼曾經評價這些民眾——

> 人民大多數是結實、堅韌而無知無識的農民，忠實於他們的國家、過去的國王或皇帝，不管他是誰；忠於他們的教會，自甘受苦受難；服從、馴服、盲目忠於頂頭上司。他們戰鬥出色，不太在乎死亡。在戰場上，他們常為一種其自身的奇怪的瘋狂所主宰，能橫掃其面前受過最佳訓練的敵軍。❺

然而，法軍將領卻碰到了一個頭痛的問題：如何把這些驍

---

❺ 〔英〕路易吉‧巴爾齊尼：《難以對付的歐洲人》。

· 高唱「馬賽曲」

勇熱情的義勇軍同正規部隊混合編制在一起作戰？雖然當時的法軍已經配置了相當先進、由馬牽引的炮隊，但在戰術上卻是傳統的。根據吉伯特的軍事思想制訂出來的「一七九一年八月戰術規程」仍主張步兵採用兩行三排的狹長隊列，進攻時偶而採用以營為單位的縱深隊伍。這種戰術明顯是以防守為目標的，因為狹長的線狀隊列不利於進攻；在行進中，一字長蛇很容易被騎兵衝斷、圍殲。而義勇軍所組成的散兵隊伍卻完全是

以一種背水一戰的進攻態勢衝鋒陷陣。

　　於是，戰場上便出現一個奇怪的法國陣式——前面是殺聲震天的散兵游勇，後面是手持排槍，穩紮穩打，步步前進的正規部隊。正是憑藉這種陣式，一七九四年，法國人打退了第一次反法聯盟軍，並直搗布魯塞爾，光復了全部國土，拯救了共和國。人民在歡呼勝利的同時，卻不知不覺得出一個印象：彷彿只要高唱《馬賽曲》，有著滿腔愛國熱忱、一往無前的熱血男兒，就是不可戰勝的。拿破崙率領魯莽衝動的農民和無套褲漢組成的軍隊，在歐州勢如破竹，在歐洲反法聯軍中如入無人之境，更進一步印証了法國軍隊的「唯意志」神話。

　　但是，當二十世紀初戰爭已經進入大規模的集團化作戰時，那些胸前掛滿勛章的法國老帥們，依然沈浸在義勇軍和拿破崙的戰爭神話裡。他們自恃有歐洲最強大的陸軍（其實不過是人數最多而已），有最完善的動員系統，能夠在數周之內組織起百萬人的後備部隊。然而，他們卻忽視了指揮戰略思想的更新；層層設置、僵化陳腐的官僚指揮體制更同現代戰爭所強調的效率與速度背道而馳。

　　二次大戰爆發前，法軍參謀部的將帥們自以為是地構築了一個軍事神話——找準敵軍最薄弱的一點，用集結的坦克化部隊予以強行突破，然後迅速擴大這個突破口，盡快向縱深發展，插入敵後，使混亂擴大、蔓延，打得那些正在吃飯、睡覺或喝酒的敵軍猝不及防；然後毀壞補給倉庫和通訊中心，俘獲整個司令部，占領戰略要地，把敵軍彼此切斷。

　　這個計畫聽起來簡單得就像個七歲小孩在玩捉特務的遊戲。其實這種作戰思想早在他們的對手德國將軍漢斯·古德里安寫的《注意——坦克》一書中就提到過。這本書在巴黎各大書店都可毫不費力地找到。更令人啼笑皆非的是，一九四〇年

六月，德軍幾乎是沿用了同樣的戰略，坦克、炮兵、裝甲運兵車、步兵洪水般衝破法軍防線最薄弱的一點：阿登山區，在絕對優勢的空中掩護下，擴散開去，然後迅速長驅直入，進入法國，一舉粉碎了被法國人視為固若金湯的馬其諾防線。

法國人喜歡爭吵，他們認為這是一種口才的智慧，不喜歡打架，認為這是有傷大雅；法國人喜歡革命，因為他們有衝動的激情，但他們不喜歡戰爭，因為事實上，光靠激情的莽夫無法贏得戰爭；法國人很喜歡政治，在他們眼裡，沒有政治手段解決不了的問題，所以，對於戰爭，能不打就不打。雖然俗話說：「預料中的禍事總會應驗。」但明知不可避免的戰禍，他們也要異想天開地幻想通過談判桌上的政治交易來大事化小，小事化了。

法國人的這種性格，使他們不願把錢花在武器的更新換代上，對於那套行之已久的指揮體制更視若完美無缺的典範，輕易不得更改。一七九〇年二月，制憲會議廢除了捐納官職的陋習，宣布所有人都能依資歷深淺晉升軍官。除了這點微小的變革外，一切都和革命前的王朝軍隊如出一轍，路易十六仍是軍隊的最高統帥，貴族軍官只要不流亡國外，一概保留原職。

法國人用感性衝動的民眾戰鬥力創造了一個又一個拿破崙式的軍隊神話，但理性思想下，層層僵化的指揮體系和被動保守的防禦思想，卻使得這種神話再也不可能變為現實。更耐人尋味的是，法國人一方面建立起理性化的軍隊體系，另一方面又沈浸於昔日士兵的感性神話之中。這種感性與理性的交融所得到的自然是一種扭曲怪異的戰爭智慧了。

宗教情境中的權術智慧

宗教對於廣大的民眾來說，是一種靈魂的慰藉和歸屬，而權力給予政治家的安慰與滿足則遠非宗教所能代替。因此，宗教在政客的手上只是一種權術智慧的工具。

「為了巴黎，我情願再做一次彌撒。」這是一五九○年，法王亨利四世向巴黎進軍的時候所發出的「虔誠的」誓言。約翰‧喀爾文的新教改革傳到法國，引起了一場信奉喀爾文教的「胡格諾派」與傳統的天主教徒之間的戰爭。一五七二年八月二十七日，血腥「聖巴托羅繆之夜」使這場戰爭蔓延到法國全境，各方勢力，你死我活，殺得天昏地暗。三亨利之戰（編按‧即法國宗教戰爭，也叫胡格諾戰爭。發生在 1562-1598 年間，三十幾年下來造成八百萬餘民眾喪生），勝者為王。新王亨利四世進駐巴黎，為了贏得巴黎天主教徒的支持，他決定改奉天主教。所以，才有再做彌撒之說。

做一次彌撒，就意味著他已經將整個身心都托付給了其為之彌撒的那個上帝。再做一次彌撒，他又拿什麼作為見面禮呢？唯一的可能是，他無論做多少次彌撒，都沒有付出真心，他的彌撒，不是為上帝，而是為他的臣民，為他手中的王杖而做。果不其然，八年後，亨利四世又做了場彌撒。這次，他同時穿上天主教派和胡格諾教派的法衣。亨利四世頒布了《南特敕令》，重申天主教為法國國教，歸還被沒收的天主教會教產；同時又宣布，胡格諾派有宗教信仰的權利和舉行該派宗教會議的自由，允許胡格諾派成員擔任國家公職，並同意胡格諾派享有保留一百多個武裝城堡的權利。

王者之所以為王，實力固然是最重要的，但在羽毛未豐、立足未穩之時，就要善於審時度勢，籠絡各股大大小小的勢力

為己所用。因此，亨利四世「小刀切豆腐，兩面光」，一紙《南持敕令》使天主教徒和新教徒都皆大歡喜，化干戈為玉帛，亨利的王座又穩固了不少。但是，這種兩面討好的「好人」伎倆也不能濫用，否則國王的威信從何而來。智者之慮，必明於利害；必要的時候，就要權衡利弊，趨利避害，擇其「善」者而從之。

公元七九五年，羅馬教皇利奧三世新官上任，羽翼未豐。為了同拜占庭帝國的東正教會抗衡，利奧三世向歐洲霸主法蘭克國王查理頻送秋波，給他送來「聖彼得墓」的鑰匙和一面旗幟，以象徵查理國王具有統治羅馬的權力。精明的查理王並未被利奧三世的媚眼所癡迷，他寫了一封堂而皇之，卻滿紙空口承諾的信給教皇，同時心裡盤算著如何向拜占庭帝國皇帝利奧四世的遺孀艾琳皇后射出他的丘比特之箭，以通過聯姻，使自己成為東、西兩個帝國的大君主。權衡再三，他最終還是選擇了教皇利奧三世。因為他覺得，與其兩手都擇著同樣強大的世俗權力，倒不如一手持著王杖，一手捧過十字架，把世俗與精神兩個世界揉捏於股掌之中。公元八○○年聖誕之夜，在聖彼得大教堂，利奧三世把一頂金光燦燦的皇冠戴在查理王頭上。從此，查理王變成了查理曼大帝，而不是拜占庭帝國艾琳女皇的新婚皇帝。

馬基維里有句名言：「強權即是公理。」權術權術，沒有「權」，任何智術都是玩不轉的，關鍵還要看其手中有多少張牌好打。像查理王那樣，一手遮天，權傾四海，他完全可以隨心所欲地把一個教皇和一個寡婦撥來弄去。實力決定了權智的自由度，因此，如何正確地估價自己的實力，就成為王者玩弄權智的首要任務，即所謂「知己知彼，百戰不殆。」

十三世紀初，法王腓力四世同教皇博尼法斯八世的權力之

爭已到了最後的決戰關頭。為了確切把握自己的勝算，腓力四世決定小試牛刀。他派自己的副首相威廉姆·那迦日夥同教皇的另一仇敵科倫那設法潛入教皇的寢宮，把正雙手捧著十字架作禱告的博尼法斯八世捆綁起來，一頓好打。打得倒不是很重，但堂堂教皇大人哪裡受得了如此侮辱，竟含恨升天了。而法國人對於自己國王的「暴行」居然拍手稱快，其他國家也毫無反應。這下，腓力四世財大氣粗起來。一三○九年，他命令其一手扶上教皇寶座的克雷門五世將教廷從羅馬遷到法國南部的阿維尼翁。從此便開始了持續六十八年之久的羅馬教廷「阿維尼翁之囚」時代。

富歇的角色扮演智慧

　　按常理的邏輯推理，一個喜歡起義、暴動和革命的政治民族應該是對現實有明敏直率的己見，不以情勢改變自我秉性與理想的錚錚硬漢形象，但法國人又一次讓世人大跌眼鏡。

　　一隻蝙蝠冒失地闖進一隻與老鼠有不共戴天之仇的黃鼠狼的窩。黃鼠狼要吃他，蝙蝠哀求說：「我是鳥。要不信，請看我的翅膀。」黃鼠狼真信了他是隻鳥，便放了他。第二次，這隻大意的蝙蝠又闖入一隻與鳥類誓不兩立的黃鼠狼的窩。總明的蝙蝠情急生智，理直氣壯地斥責黃鼠狼說：「居然把我看成了那類東西！你是沒有看清楚。鳥是什麼？首先得有羽毛！我是耗子，老鼠萬歲！」可是，這隻黃鼠狼對耗子可沒胃口，蝙蝠於是又得救了。

　　拉·封丹在這則寓言中，對蝙蝠的「角色變換」智慧十分讚賞。他說：「許多人由於更換肩帶（不同政治派別的標

誌），從危險的境地也能逃脫出來。聰明人會見人行事，他隨機應變地喊道：『國王萬歲！聯盟萬歲！』」❻（國王與聯盟是兩種截然不同的對立政治派別。）

不過，拉・封丹的蝙蝠比起約瑟夫・富歇（1759-1820）的蛇來說，則是小巫見大巫了。

當富歇被封為奧特朗托公爵時，賜予他的徽象是中央一根金槍，上面盤繞著一條蛇。而富歇一生所扮演的角色正如這條蛇一樣，虛與委蛇，靈活機變。在法國歷史最為驚心動魄的大革命浪潮中，居然連侍五朝——國民公會議員、雅各賓俱樂部主席、督政府警務部長、拿破崙帝國警務大臣、復辟的路易十八王朝的警務大臣。他那出色的狠角色智慧，令羅伯斯庇爾、路易十八和拿破崙歎為觀止。

馬克斯・韋伯把「角色扮演」定義為行為者根據自我對各種社會角色觀念的理解，並根據這些角色對個體的要求而調節自己行為的過程。因此要扮演好自己的角色，首先要有敏銳的認知智慧，能在與他人交往中，根據所獲得的線索，正確推斷他人和自我的社會地位。富歇蛇一般靈敏的政治嗅覺使他能夠清醒地感知空氣中哪怕僅僅是一個分子的任何微妙變化，從而在風雨欲來之際，果斷地調整自己的角色取向。

當國民公會表決是否要處死路易十六之時，富歇很想祕密投票，但羅伯斯庇爾堅持要每一個代表登台公開表明態度。富歇周圍的吉倫特派和他所代表的選民都要求寬恕國王。頭一天，富歇根據這種意見，擬好了演講稿。但第二天上午，群情激昂的巴黎人包圍了王宮，高喊處死國王的口號，富歇馬上意識到，處死國王已是大勢所趨、民心所向之大道了。於是，當

---

❻ 拉・封丹：《拉・封丹寓言詩選》。

他走上講台時，暗暗把自己的演講稿扔在一邊，低聲表明自己贊成處死國王。

當然，世事變幻莫測，就連富歇這樣的天才演員也無法做到洞若觀火。於是，富歇的第二個角色智慧便是同時扮演兩個、甚至多個角色，這些角色在他周圍形成一個起保護作用的角色叢，而富歇就像蛇一樣遊行於角色叢之間──哪裡有腥味，就衝向哪裡；哪裡有危險，就避向另一個角色。

一八一五年，拿破崙奇蹟般地逃離厄爾巴島，復辟的路易十八王朝又岌岌可危，便想邀請富歇出掌大局。富歇躊躇不決，他無法判斷拿破崙捲土重來究竟能有多大勝算，於是他便躲進了角色叢，靜觀利弊。富歇婉拒國王的出山邀請，同時又不失時機地勸國王找一個安全的地方，並預言拿破崙的冒險注定會失敗，發誓屆時他會全力遏抑拿破崙。國王吃了定心丸，心裡自是十分感激富歇。豈不知，富歇心裡早有算計：萬一拿破崙獲勝，他會很快跪到拿破崙面前，用自己曾拒絕效忠於波旁王朝的事實邀功請賞。

任何一個演員，即使他有再精湛的演技，再充沛的感情，也不可能同時在一張臉上表演出哭和笑兩種表情。但富歇從不為此煩惱。在他看來，那些很善於調動自己身體的每一個動作、臉上的每一塊肌肉和運用精妙的語言表達扮演自己角色的人其實並不是最好的演員。角色的最高境界就是沒有角色，無智無慧，潛於無形，伏俟大勢。表情豐富固然可以增加角色的表現力，但與角色的內涵深度並無直接的聯繫，更限制了角色的迴旋餘地。而這正是活躍於社會政治舞台上的角色之大忌。長期的警務工作使富歇深諳角色的表情控制的重要性，「他終生能控制臉上的每一塊肌肉，即使在激烈的衝動時刻也不例外；從此，再也沒法在他那死板的，彷彿在沈思中木然的臉上

發現憤怒、凶惡、激動的跡象；從此，他以同樣平穩而單調的聲音，沈靜地說出最最平常和最最恐怖的話語，以同樣悄沒聲息的腳步走向皇帝的寢室和洶湧澎湃的民眾大會。」❼

　　富歇的「角色扮演智慧」代表了法國人政治意識中最不易覺察的一面。良好的政治柔韌性使普通的法國人或多或少都有一點富歇味，他們可以在兩個性質完全對立的政權中迅速調整自己的價值取向，無論是資產階級的拿破崙帝國，還是復辟的波旁封建王朝，一俟大局已定，法國人很快就會從邅變之際的激揚革命中冷靜下來，怡然自在地適應現實。這一動一靜的角色轉換，也反映了法國人在最偉大、最激進的革命理想主義與最功利的現實主義之間極具智術的調適能力。

角色情結

　　莎士比亞在《請君入甕》中如是說：

　　　整個世界乃為一舞台，所有的男人和女人都是演員，他們有各自的進口與出口。個人在一生中扮演許多角色。

　　人的確就如同舞台上的一個戲子。戲夢人生一場空，許多人在即將走完生命旅程時回頭凝望，心裡油然而生的便是這一聲喟然歎息。回想當初，為了演好這齣戲，他們更換了多少面具和戲服，試演過多少不同類型的角色，卻始終無法找到一種

---

❼ 〔奧〕斯蒂芬·茨威格：《一個政治家的肖像》。

「成角兒」的感覺。

然而，人又不能從「成為某一個角色」的欲望中擺脫出來。只要他對這個社會還抱有希望，對自己沒有失去信心，他就會想方設法地在社會裡找到他應該扮演的那個角色，就彷彿那個角色注定是屬於他的一樣，只有找到它，才會有一種歸屬感和安全感。

一六三五年一月，宰相黎塞留支持成立了法蘭西學院。當時的文人似乎一下子從困頓之中解脫出來，找到了他們的角色歸屬。法蘭西學院有四十名院士。院士是終身職務，其他文學新人必須等到這些院士死後空出席位，才有望入選。為了這有限的四十個角色，文人們真是削尖了腦袋想往裡頭鑽。

伏爾泰不得不求助於路易十五的寵姬蓬巴杜夫人，並且否定了自己反教會的一些作品，包括代表作《哲學筆記》，才得以入選。夏多布里昂由於他的保皇觀點，在法蘭西學院門檻外徘徊了十幾年才進去。雨果經過四次競選，總算如願以償。最可憐的要屬巴爾扎克和左拉，其中左拉一生中為了法蘭西學院院士頭銜，競選了二十四次，然而他倆卻始終無緣戴上那頂神聖的院士帽。無論是就學識還是聲望來說，這些人應是當之無愧的學院院士，文人們自身也對此深信不疑；再加上民眾的期望，使他們堅信，院士這個角色命中注定是應該屬於他們的。

角色是人內心對自我價值實現的一種期望。馬斯洛的「需要層次說」把人的需要劃分為五個層次：生存的需要、安全需要、歸屬與愛的需要、尊重的需要和自我實現的需要。但馬斯洛又說：「這些需要具有一定的級進結構，在強度和優勢方面有一定的順序……所有這些需要都可以被看作是趨向總的自我

實現的各個不同階段，都可以歸於自我實現之中。」❽

　　需要的層次，只是一種實現上的層次先後，而不是存在上的層次。每個人都同時具有這五種需要，並且一直渴望著自我理想的實現，渴望著自己潛能與才賦的發揮。因而，角色意識是人永遠解不開的結，它纏繞在人的內心與他的行動之間，一環套著一環，解開一個，新的更複雜、更高級的「角色情結」又出現了。正如德國人本主義哲學家布洛赫所說：「人是很前面的那個他。人是開放的，正在朝著變成他潛在的所是的東西走去。」人在背後拖著一個身影，在身前追趕一個幻影——那個他所渴望的「潛在的所是」的角色，一直到他整個生命枯竭，「角色結」依然沒有解開。這就是「人生如戲如夢」的感慨之由來。

　　法國人的「角色情結」似乎更為難纏。一方面，法國人的「唯理性論」使他們相信這世界只要是人自己纏起的結，就沒有智慧解不開的；另一方面，內心豐富的感性衝動又使他們不斷地創造出新的更為錯綜複雜的角色情結，他們深陷其中而不能自拔。

　　瓦泰爾的故事在法國可謂是家喻戶曉。他是波旁王朝貢代親王的餐事領班。親王在巴黎以北二十五哩的香蒂麗擁有一座漂亮的城堡。有一次，路易十四及其隨從要到此處小住。由此，瓦泰爾開始為自己製造「角色」的了。他的「角色期望」陡然升值，從原來親王的餐事領班上升到國王的宮廷御廚，因為國王及隨從上百人的膳食全繫於瓦泰爾一人身上。一種從未有過的自豪感和榮譽感，使他陷入自己的角色情結中。他使盡渾身解數，忙了好幾天，準備了二十五桌豪華大宴。但事到臨

---

❽　馬斯洛：《人類價值新論》。

頭，卻發現還缺兩桌烤炙佳肴。雖然這並不是他的責任，有些貴族破壞了原先的上菜安排，但瓦泰爾卻感到自己的御廚角色出現了裂痕，他失魂落魄地在城堡裡遊蕩了一夜，心裡七上八下，不知第二天為國王準備的盛宴是否能彌補自己的過失。

翌日凌晨四點，從大西洋海邊拉來了二車鮮魚。瓦泰爾簡直不敢相信自己所看到的，因為他為了取悅聖上，提前八天預定了十二車魚，準備烹製一套熏魚大菜，但這二車魚做出來的大概還不夠國王一人享用。瓦泰爾的御廚角色徹底崩潰了，強烈的情感失措使他一時無法回到原來的餐事領班角色，兩個角色的巨大反差所形成的結把他緊緊扼住。瓦泰爾跌跌撞撞地回到屋裡，拔出利劍，自刎謝罪。

越來越多的法國人企圖擺脫「角色情結」，他們提出回到盧梭，回到自然；因為只有在自然面前，他們才是無角色的純粹之人。然而，一旦他們回到社會，回到人與人的環境，他們又不得不重新揀回那張丟棄於自然荒谷之中的面具，玩起「打結」與「解結」的遊戲。

徽像的探幽入微

梁實秋曾有一段趣文——

我們平常以為英雄豪傑之士，其儀表堂堂確是與眾不同，其實那多半是衣裳裝扮起來的。我們在畫像中看到的華盛頓和拿破崙因然是奕奕赫赫，但如果我們在澡堂裡見到二公，赤條條一絲不掛，我們會有異樣的感覺，會感覺

得脫光了大家全是一樣。**❾**

　　輕鬆詼諧的調侃卻無意中道出了現代文化分析中一個很重要的概念——符號的作用。人是符號的動物，人類行為是符號的行為——這已成為學術界之共識。卡西爾就認為，人與其說是理性的動物，不如說是符號的動物——人是能利用符號去創造文化的動物。

　　角色更需要符號來標識，就如同京戲中，花臉表明剛正不阿，白臉代表陰險狡詐，紅臉長髯象徵威武；而鼻子上一圈白色，一眼即知是揮科打諢的小二跟班。

　　古玩商杜弗里埃為路易十四設計出一個徽像：一輪紅日光芒四射，照耀地球。下面寫著：「堪與眾太陽媲美」。雖然徽像與題辭在邏輯上有明顯的錯位，但卻博得路易十四滿心歡喜。很快，國王的紋章，王宮的家具、帷幔、雕刻上都飾上了這個徽像。國王這種角色，需要的就是這種簡單明瞭、卻又氣勢雄偉的符號。君主專制下的王權從來都是赤裸裸標榜自己的神聖與偉大，它無需隱晦、委婉、含蓄，也不必進行過分的藝術加工來使人們產生聯想。取得直觀的震懾力是王權徽章的主要目的。

　　路易十四的徽像符號雖然霸氣十足，但仍可以感受到他那個時代趨於抽象理性的文化氛圍。相比而言，路易十二的霸氣符號就愚笨庸俗得多。在他的徽像上，居然是一頭野性、醜陋的豪豬，下面寫著：「誰惹它，誰挨螫。」這也並不奇怪，連吃飯都要用手抓著往嘴裡塞的人，是不會有多少儒雅之氣的。

　　人主要是通過他的符號活動來表現其特點的——這是卡西

---

❾　梁實秋：《梁實秋散文·雅舍小品·衣裳》。

爾在考察了人類文化各種不同的表現形式之後所得出的結論。符號不僅標識著人的角色地位，同時也可以反映出人的整體文化形象。

徽像符號最早可以追溯到中世紀的騎士制度。那時，每一位騎士都有自己的徽章，有時是以畫在盾牌上的野獸作為標誌，如飛龍、大熊或獅子。這種標誌就稱為「盾形紋章」。在聯歡慶宴或比武時，這些徽章便成為騎士的角色象徵。

到了路易十四時代，騎士競技依然風行。一六六二年，在杜伊勒里宮對面，還特意修建了一個競技廣場。參加馬術比賽的騎士列隊出場接受檢閱，國王、王后、公爵、親王等可以選擇一隊作為自己的代表，走在隊伍最前面的便是手執他們的徽像和盾牌的侍從隊。但是，在這種競技場合裡，路易十四從來不使用他的太陽徽像。因為太陽徽像是國王的符號象徵，因而也就帶上王權的地位和威嚴，讓它與其他王公貴族的徽像並列出現，無疑是貶低王權，使路易十四的太陽徽像失去其唯我獨尊的符號意義。

卡西爾認為，人類的智力始於概念作用，一個概念只有在它體現為符號時才固定下來，才能讓人把握住。語言是最主要的象徵符號，它是人們思維與精神活動的主要表達工具。而徽像同樣可以反映人的內心世界。

一六六一年，財政總監富凱在他新建的沃勒維孔特宮舉行盛大的晚會，慶賀路易十四親政。為此，富凱花了一個月時間，把他的沃宮布置得富麗堂皇，訂下一大批四輪運貨馬車，把他在郊外別墅裡的名貴家具、精美餐具、水晶器皿、地毯、牆飾全部搬到沃宮；還特意找到莫里一界，訂了一齣喜劇《討厭鬼》，企圖博取路易十四的歡心。

然而當路易十四步入沃宮時，他的視線並未被那些美輪美

· 法國王室徽像

奐的裝飾所吸引，而是停留在遍布於牆飾、門楣和器具上的富
凱的族徽和題銘上。路易十四眉頭緊皺，一臉嚴肅。隨後沒過
幾天，富凱便鄉鐺入獄，罪名是貪污公款，中飽私囊。他的沃
宮也被查封，所有的貴重物品全被路易十四沒收。

　　富凱的貪污奢華，路易十四早有耳聞，況且這也是財政總
監的職業病。為何路易十四偏偏在這時發難，興師問罪呢？問
題還是出在富凱的徽像上。路易十四看到的徽像是：一隻活蹦
亂跳的松鼠得意洋洋地棲在樹枝上。下面題銘：「我何處不能
攀登？」正是從這套徽像上，路易十四覺察到富凱的個人野
心，所以先下手為強。

　　由此可見，符號不僅可以表現一個人正常的角色身分，就
像富凱用他的沃勒維孔特宮（擴大的個人符號）來顯示自己的

尊貴富有，用國王的親臨（此時的路易十四也只是一種符號）來標明自我的顯赫地位，同時，符號也可以隱喻著在某種情境下受到壓抑的角色欲望。富凱雖身居顯位，但仍欲再攀高枝，但懾於路易十四的威勢。或者說這只不過是官場中每個人的潛在欲望。無論怎樣，這種欲求都不適合公開表露，只有藏隱於心。

然而，正如我們前面已經提到過的，人是符號的動物，所有的思維活動都會以符號的形式直接或間接地表現出來，就算富凱不在他的徽像上如此明白直率地坦露心計，他也可能通過語言（如夢囈、無人在旁時的自言自語）或者無意識的形體動作洩露「天機」。也許，下面的這個例子更能說明富凱在徽像符號運用上的不智。

在路易十四的宮廷裡？唯一能與富凱抗衡的是財政和貿易總管科爾貝爾。有宰相馬薩林撐腰，科爾貝爾的勢力在朝中與日俱增。有人驚歎：「科爾貝爾家族簡直擁滿了官場的每條通道和所有職業。」富凱也深感科爾貝爾的咄咄逼人之勢。後來，人們在沃勒維孔特宮發現了富凱的另一種徽像，証實了富凱的憂慮──上面畫著一隻松鼠被一條游蛇追趕。而游蛇正是科爾貝爾家族的族徽。

富凱聰明而不精明，他過於輕率地對待像徽像之類的芝麻小事；而人們正是從這些枝末小節的符號意義上窺見了他隱匿的內心。

組織下的法國人

法國人時常哀己不幸──生活在一個有著嚴密組織、整齊

劃一、政府無處不在的社會裡，以至於一點個人的自由空間都沒有。但實際上，一旦沒有了這些組織和秩序，法國人恐怕一天也過不下去。一位議員就說：「在法國，共和政體有這麼一個特點：誰也不要它，可是誰也捨不得它。」「組織人」是人無法選擇的選擇。

社會中的每一個人總是生活在一定的組織形式裡。人，從最原始的群居開始，就為了生存而聚在一起。如果氏族公社算是人類的第一個正式組織，那麼組織的定義就要遠遠超過生存需要，而具有更廣泛的含義了。

安全和歸屬的需要無疑是組織所能提供的最重要的功能滿足。它像一副巨大的保護傘，為那些狐獨無助的人們遮風擋雨，使人單勢孤的個體匯成強大的集體。然而，組織傘擋住了風雨，同時也遮住了陽光和藍天。所以，人們對組織的感情是又恨又愛，複雜而又微妙。

行會（等於是後來的「工會」）是法國最具代表性的組織，國家概念中所具有的法律秩序、等級制度，乃至契約關係等，都可以在行會中找到對應的影像。從一四六八年圖爾的麵包師成立行會開始，法國出現了各種各樣的行會，從裝門窗玻璃的小商販到藥劑師，都成立了各自的行會。

法律的效應使個人在行會中的地位有所保障。由公証人作証的文字契約，使學徒、幫工和師傅三者之間都受到一定條件的制約；尤其是對學徒來說，這種制約無疑更大程度上保障了他的安全。如行會有規定，老板禁止收納一個以上的徒弟，從而使徒弟將來出爐時，免遭同行相煎、競爭之苦。

行會在情感上的凝聚和歸屬作用影響更加深遠。如一四九二年南特的銅匠行業規定：「當有同行來到本城找不到工作時，行業師傅必須按照自己的意願和可能，資助他們。」幫工

和學徒自己也經常組織起來，接待那些「為了相互學習、相互了解、相互認識和交流而走城串村的不同國籍、不同語言的幫工和工人。」這種接待和幫助很容易使人聯想起教會中的遊方教士分文不帶，到處打尖住宿的情形。行會帶給人們情感上的慰藉和皈依，其實同宗教也確有相通之處。

美國哲學家路德・賓克萊對此有過全面的論述——

　　許多人通過對組織忠誠、對團體思想的忠誠，或者通過認為組織是保佑人平安度過難關的地上天父，或者根據自己在組織中的地位而連從那裡需求的社會習俗，或者通過允許、甚至歡迎組織接管個人生活中的許多職能，因而，他們就發現了一種新的世俗宗教，或者至少發現了一種新機構，他們在裡邊能找到一種穩妥踏實之感。❿

組織人所得到的也是他必須付出的。棲身於某個組織的羽翼之下，就意味著必須接受這個組織共同的規則秩序、生活方式，乃至價值觀念。

一次，國民教育總管從荷包裡掏出懷錶，得意洋洋地對拿破崙三世說：「皇上，就在這同一時刻，全法國國立中學五年級的學生都在做同一篇拉丁文翻譯。」

十九世紀法國歷史學家托克維爾發現，法國人變得越來越相似，像是從一個模子裡鑄出來的。「不僅各省之間越來越相似，而且各省之內，不同階級的人，至少是所有置身於平民百姓之外的人，變得越來越彼此相似，儘管他們的地位各異。」他們過著同樣平靜或放蕩的生活，同悲同喜同憤怒。他把這種

---

❿　〔美〕賓克萊：《理想的衝突》。

情形歸因於兩種不可抗拒的力量所影響：一是集權化的中央政府，一是民主的傳播。

前者不難理解，大一統本來就是中央集權的特徵。然而民主為何也會導致社會的同一而不是多元呢？

這就是組織人永遠無法擺脫的兩難處境。民主，在它作為一種思想存在時，個人的自由和權利是它最好的花邊裝飾；一旦民主上升為組織和政體形式，集體的自由、組織的自由便代替了個人的自由。大革命期間，各種政治力量派別走馬燈似的你唱罷來我登場，他們打的都是同一的旗號：民主。但法國人最終仍不得不失望地接受一個現實——他們得到的自由、平等，總是與自己幻想得到的有所變異。

阿蘭‧佩雷菲特曾說：「法國人有這麼一種傾向——他們把自己組織起來，不僅好像什麼也不變化，而且好像要爭取什麼也不起變化。」

法國人對於組織所寄寓的是穩定和安全的希望，而組織所給予法國人的往往是動盪不安。所以，法國人總在希望，總在幻滅，也總是在對組織的順從和不斷反抗中搖來擺去。感性，包括情感上的歸屬和對自由價值的渴望，也就在這搖擺之中，被牢牢地契合於理性的組織之上了，日久彌堅，形成了法國人理性與感性奇妙交融的又一層景象。

組織下的思維硬化

本世紀七〇年代，法國上下掀起了一場對「法國病」的熱烈討論，社會學家、政治家、普通民眾都捲了進來，電視台、報紙等各大新聞媒介也在一旁煽風點火。這場大辯論緣起於一

位名叫阿蘭‧佩雷菲特的社會學家所寫的一本名叫《法國病》的專著。在書中，他就當時法國社會中所存在的一系列弊病進行了深刻的分析，其中尤其對法國官僚主義弊端的批駁入木三分。他寫道——

> （國家的職權）取代了地方權力，取代了行業，取代了家庭。它通過數不盡的措施，干涉農業、工業、商業、社會保險、環境保護；它包辦公安、公路交通和衛生……不管是舊政權還是新政權底下的官吏，有哪一門活動能逃過他們的影響！他們手裡有規章、禁令，津貼補助和後門可開。「國家大計」結果弄成了「國家謬計」。**⑪**

中央集權歷來是封建國家的傳統，法國人的唯理性精神和對法治秩序的偏好，使他們很早就建立了歐洲最完善的官僚體制。國王靠賣官鬻爵收斂錢財，支付開銷的作法又使這一官僚體制像滾雪球似的日益龐大臃腫。

但是，行政上的中央集權和龐大的官僚政治同僵化的教條並不構成直接的因果關係，生搬硬套的教條主義在那些政治鬆散、管理贏弱的非洲小國同樣存在。關鍵在於體制下人的思維方式。

層層的官僚體制是保持社會流動的主要手段。但法國人特有的思想智慧阻塞了這種流動。賣官鬻爵使官職成為一種隱性的投資手段：既然官職是用錢捐來的，那麼在其位，不謀其利，這種虧本生意誰也不會去做。閑坐官位，無需商場搏殺，財源自會滾滾而來，所以，在法國很少聽說當幾年官之後辭職

---

⑪ 〔法〕阿蘭‧珮雷菲特：《官僚主義的弊害》。

下海的「蠢才」。大革命以後，賣官鬻爵的做法被取消了，人人生而平等，都有權利戴上烏紗帽。於是，加官進爵變成了一場賭博，賭的是機會，博的是運氣，能力和政績反倒成為次要；一旦中了頭彩，便輕易不肯放棄。

傳統上，官僚總是同一定的社會地位聯繫在一起，而最能表現自己地位的智慧就是不值得自己幹的絕對不幹；即使是不辱地位，純屬分內的事，也要想方設法讓下屬去幹。因此，就像一個地主財富的多少就看他的僕人有多少一樣，官員手下供其使來喚去的人愈多，他的官位自尊就越容易得到滿足。於是，一層推及一層，循環往復，馬爾薩斯的人口增長幾何級數模式在法國的官僚體制中也發生了作用。英國也有類似的機構成員膨脹現象，但他們是通過僱用政府服務人員來解決的，這些服務人員不屬官僚編制，可以隨僱隨辭。而法國大大小小都是官，輕易不能動。法國廣播電視公司有近一萬八千名記者和技術人員，有許多都是在混日子，但不能解僱。工作人員都如此，更何況那些總自覺高人一等的官僚。

某個省政府在一九七六年要求本省議會投票撥款，招僱滅虱員，對「虱禍」進行鬥爭。政府為此寫了一份洋洋灑灑達十幾頁的文章。然而，某位議員卻提出一個議案，指出「虱禍」這個詞在六卷本的羅伯字典裡找不到，在增補的第七冊裡也沒有。省政府回覆，詞見十卷大拉魯斯字典，詞義是「虱子引起的疾苦」。

對法語詞義的探究一直是法國人經久不衰的癖好。當他們把這種實証的理性精神運用於官僚政治領域，產生的卻是如此令人啼笑皆非的結果。

法國人習慣於生活在一個既定的秩序世界裡，這個秩序是由嚴格規範的法律條文和層層設防的體系保障的，就像一戰中

他們在馬恩河地區所挖的那十幾道防禦壕溝和二戰中固若金湯的馬其諾防線一樣。人頭馬 XO 是越放越醇，制度和體系當然也是越久越完善可靠。

法國人的思維和行事方式導致了官僚制度的肥胖症，並由此產了許多併發症：辦事效率低下、機構重重設置、運轉不靈、扯皮拖查，屢見不鮮；然而最可怕的還是思維與體制之間的惡性循環所產生的「思維硬化症」。

在勃利地區，有一個小村子，叫作諾夫木傑。村子裡唯一的商業買賣是一家雜貨鋪，旁邊一九〇公尺開外有一所學校。但有一天，行政當局下令叫鋪子停業。因為照法章規定，雜貨鋪與學校應相距二百公尺。於是，為了這十公尺的距離，扶國人開始大作文章。結果，還是店老板妥協讓步，他在雜貨鋪的大門前修了一堵牆堵死，繞道走後門。這樣便使門口與學校的距離延伸了八、九公尺左右。

這或許是阿蘭·佩雷菲特痛心於官僚主義的弊害而刻意選擇的一個特例，以期振聾發聵，滌淨國人之耳目。其實，一向精於思想的法國人，只須抽片刻閑暇，把他們的思維焦點從哲學、藝術、文化等等玄而又玄的顯學轉到政府運作、機構設置等實學問題上，重現其政治思想（特指政府如何治理之層面意義）的先見和睿智倒也並非難事。

但反過來一想，洞察自己民族在這方面之弊病的恰好也是法國人。也就是說，或許在許多民族都存在著的官僚病現象中，法國人用最強烈的自我批評方式進行描繪，乃至誇張。因此，這也可看作一種民族自我檢討、除弊圖新的智慧吧！

組織下的個性逃逸

　　法國人喜歡把政府比作一條大章魚，認為它的觸角伸得太寬，一手遮天。以前，有一則傳言曾弄得政府十分尷尬，大丟面子。據說，當時農業部有一位部長，就公羊和母羊的交配問題，專門發了一篇詳盡的通報。的確，法國的國營工業比重達23％，這在歐洲是最高的。但這是否意味著法國政府的管理真的事無巨細，連動物的性愛關係也要插上一腳呢？未必如斯。

　　其實，法國中央政府對個人的控制向來是軟弱無力的。首先，是由於官僚體制的外強中乾。表面上看，似乎機構完善，組織嚴密，但在實際操作上卻手無縛雞之力。一波未平，一波又起的革命浪潮，使政府內部充斥著對立情緒，辯論和爭吵成為政治家的拿手好戲。歷史上只有一個路易十四和一個拿破崙·波拿巴，但即使是在他們強權威懾下，民間依然是我行我素。其次，政府時常被議會和眾多的利益集團所左右，三級會議中的第三等級囊括了資產階級、手工業工人、農民、公証人、律師、行會會員等社會底層的精英分子，尤其是那些布爾喬亞們，對任何限制個人自由的法令都會拍桌子瞪眼。

　　此外，體制的複雜，使政策的制訂往往令出多頭，令人無所適從，索性也就不必適從。公証人在農村仲裁糾紛，就經常依形勢需要，選擇適用的法律條文。這種百衲被似的法律體系對個人自由的限制可想而知是多麼乏力；尤其是對感情衝動的法國人來說，更無異於一紙空文。

　　問題在於，法國人在對待政府的態度上，完全是以自我為中心，過河拆橋。當他們需要農業補貼、公共工程投資、失業補助、賑災救濟和醫療保險時，政府的形象便如同慈母般親切溫和；而當他們酒足飯飽之後，便想起了自己的個性與自由，

恨不能一腳把政府踢開。

　　有一位名叫布里吉特‧蘇珊的法國作家曾經從對鄰居的態度出發，管窺出了法國人與德國人的不同個性。對德國人來說，「鄰居」多少意味著「住在隔壁的某一個人」；對法國人而言，鄰居的概念則不過是「恰巧在附近擁有一所房子的陌生人」，遠不如在做彌撒時萍水相逢的教友。法國人的「自我中心」主義，由此可見一斑。

　　一個法國人定居在德國，在自家花園裡燃燒枯枝爛葉。德國鄰居向警方報案，說他破壞環境。法國人對這種狗拿耗子的行為很不能理解。而第二天，這位法國人就不僅無法理解，他簡直不敢相信自己的耳朵，因為那位德國鄰居竟然指手劃腳地吩咐他鋤掉自己菜園裡的雜草。法國人深感自己的私人領域受到侵犯，心裡嘀咕著集體主義的德國人絲毫不尊重別人的個性。沒過幾天，他又糊塗了，因為他把汽車停靠得離鄰居的柵欄太近，而遭到鄰居的一頓訓斥。看來，德國人同樣也有自己的私人世界和個性觀念，只是兩者對個性的理解大不一樣，才導致了這種衝突。

　　戴高樂總統有一個很著名的「歎息」：「唉！一個有三百六十五種奶酪的國家，我怎麼能領導得好呢？」法國全國共劃分了三十多個奶酪生產區，各個地區的奶酪生產專業戶都極力標榜自己獨特的地方特色，諸如格蘭貝、洛克福、馬斯戴、小瑞士、半鹽等，他們用不同的奶類，不同的發酵程度，不同的製作方式，儘量使自己生產的奶酪口味鮮明，吃後給人以回味。不僅奶酪如此，法國人還調配出幾百種不同的起司，烹製出各式各樣的花式麵包。就連一份簡單的洋蔥湯，至少有一百種不同的烹調法。法國大廚師的一條烹飪密訣就是漿汁，因為任何一道菜，總的原料和做法都大同小異，而關鍵性的漿汁調

配才是顯示大廚師獨特個性和高超技藝的絕活。他可以用近百種不同的原料搭配，精心調製出口味迥異、特色鮮明的湯汁，然後滋啦啦澆在菜看上。此時的大師傅才算得到了滿足。因為只有當湯汁澆上去以後，他才覺得這道菜是屬於他自己的。

法國人的這種個性甚至上升到了國家個性。二戰後，整個歐洲都處於美國核保護傘下，法國自然也不例外。但心高氣傲的戴高樂嘴卻挺硬：「我拒絕接受這樣一個事實，即法國的防衛可以依靠一個外國將軍。我們永遠不會降到美國附庸的水平。」他說到做到，一九六六年，戴高樂宣布法國退出北大西洋公約軍事一體化組織，獨立發展自己的核力量，堅持抵制美蘇的「部分禁止核試條約」。

美國人的個性怎麼強調都不會過分，但對於法國人的個性，卻要慎重分析。雖然法國人的個性以自我為中心，但並非自我的無限擴張，對國家和集體組織的依賴並不會因為他們的個性需求而有任何減弱。因此，法國人隨時都在國家和個人之間權衡徘徊。

這種徘徊，其實也就是一種「腳踏兩隻船」的智慧，自我的個性與國家的組織性兩者之間有一種微妙的平衡關係，過於強調某一方面，就會破壞這種感性與理性所建立的難能可貴的融洽關係。因此，節制個性，把過分的感性理性化，就是一種十分高明的生存之智了。

Chapter 4
法國式的性和愛

女性時代的男性

　　十八世紀的法國，人稱啟蒙時代、理性時代。但若說它是一個女性時代，也毫不為過。每個法國男人都彷彿沈湎於女人寬大的裙環下面，對女性美的崇拜達到無以復加的地步。毫不誇張地說，每一個法國女人的身後，都有一個（或一個以上）溫情脈脈的男人。

　　法國人的女性崇拜癖，早在騎士時代就開始萌芽。年輕的騎士不僅要宣誓保護女性，而且必須選擇一位貴婦、淑女作為自己崇拜的偶像。這就是長期被當作騎士的理想和品德來加以讚頌的所謂「騎士之愛」。

　　作為一個騎士，他所必須具備的基本禮儀修養就是如何在一個女人面前表現得像個文明的理性紳士。跪下一條腿去吻貴婦的手，謙恭地對她們鞠躬低頭，在一切活動中把上座讓給女士。這些表面功夫並不難做到，關鍵在於醉翁之意何在。如果一個騎士在吻貴婦之手的同時，心裡卻在盤算著下一步是不是該吻她的臉，那他就不能算是一個真正的騎士。因為真正的「騎士之愛」是排除肉慾，有著高尚道德感的，同時也很難避免戀母情結的嫌疑。騎士在七、八歲後便按照出身的等級，依次到高一級的封建主的城堡中去充當領主侍童。侍童要追隨領主夫人左右，按照主人與主婦的吩咐服役；跟隨女主人學習禮儀、吟詩、唱歌和彈奏樂器。當他們二十一歲宣誓尊重婦女時，長期廝守的貴婦人理所當然地成為他們崇拜的偶像。在騎士的眼裡，她們首先是主人、導師、母親，最後才是女人。因此，「騎士之愛」也就是由這些關係所對應形成的愛的複合體，肉慾的成分自然被壓抑到一個很小的角落，甚至連想一想也會感到是一種罪惡。

到了十八世紀，騎士制度早已隨著戰場上的炮火硝煙瀰散殆盡，高尚的「騎士之愛」也慢慢開始變異。法國男人再也無法抑制積聚內心已久的欲望，於是便出現了躲在窗戶外偷看女人出浴，藏在樹叢裡拿著女人的花鞋亂嗅（佛拉貢納爾：《秋千》）等等性飢渴的場面。但是，長期受理性薰染的貴族還不敢脫掉他們的燕尾服，扔掉文明手杖。他們依然舉止文雅，彬彬有禮，但醉翁之意已不在酒了。因此，糾纏於外表的理性壓抑與內心的感性衝動的法國男人便成為奇怪的多面複合體——柔情似水的文雅、耽於肉慾的戀母、虛飾做作的舉止。拉布呂耶爾十分形象地為我們勾勒出他那個時代一個典型的法國男人伊菲斯——

> 　　他有一雙細嫩的手，擦一種香脂，使其保持光滑；他動輒咧嘴一笑，為的是顯露他那兩排牙齒；他故作嬌態，笑容可掬；他顧影自憐，覺得自己的模樣俊悄，身段優美；他練就一副清脆、溫柔的嗓子，但幸而他發音沈濁；他有意把頭扭來扭去，兩眼含情脈脈，以為這樣更加妖媚；他步態輕盈，身姿綽約；他擦胭脂，但只是偶爾為之……❶

　　沙龍是法國男人表現他們多情善感和欣賞女性美的最佳去處。所有的言辭都是纖巧細膩，所有的話語都是柔軟婉轉，所有的話題都離不開女性，所有的目光都聚焦於女主人。朗布依埃侯爵夫人就是躺在她的床上，同簇擁在床邊的文人紳士侃侃而談。

---

❶　引自《法國散文選》，程依榮譯。

而這一時期的貴婦也不再是昔日緬腆無知的小家碧玉，優雅的談吐、大方的舉止、對文學藝術的摯愛，使她們在那些文化精英面前毫不遜色，甚至可令其甘拜下風。拿夏候萊侯爵夫人來說，她跟著名的莫佩爾蒂學過數學，翻譯過牛頓的《原理》，並加上很有學術水平的注釋；她還因寫了一篇《關於火的性質和火的傳播》而獲得法蘭西學院的競賽獎。伏爾泰是她所主持的沙龍的常客，他深深仰慕這位才女，索性和她一起私奔到西雷莊園，過起甜蜜的隱居生活。而當時伏爾泰比夏候萊侯爵夫人大了整整十二歲。

　　同以往騎士的女主人有某些類似之處，十八世紀的貴婦人無私地張開她們溫暖博大的羽翼，庇護那些落泊的文人才子，用一個母性特有的關懷，用一個女人溫情的體貼來使他們重新體味愛的慰藉，無論這種愛是母愛還是情愛，或者兩者兼而有之。拉·封丹曾經更換過好幾位侯爵夫人作為他的保護人，並始終與她們保持著曖昧的關係。盧梭與比他大許多的華倫夫人同居達十年之久，一直把她當作母親和情人看待，卻始終不把她當成妻子，以致最後兩人不得不痛苦地分手。

　　藝術是一個時代最敏感的反應，盛行於十八世紀的「羅可可」藝術完全可以看作是女性時代對女人與性的官能化模仿。

　　女性胴體的柔滑曲線是羅可可（Rococo）藝術家的主要靈感來源。因此，在以羅可可風格裝飾的牆壁、天花板和線腳上，我們可以看到大量C形、S形的圓滑曲線精織細結地纏繞在一起，色彩上以充滿肉感的淺粉色系為主色調，嬌嫩柔和，並廣泛採用金色來挑逗感覺。柔滑的絲綢織物也被用來裝飾房間，細膩的手感如同撫摸女性的肌膚，閃光材料如大面積的鏡子裝飾，則是自戀的象徵和性意象刺激的主要工具。最明顯不過的當然是在繪畫題材上，女人和情愛成了羅可可繪畫的主

流。華托最擅長描繪草木蔥鬱的森林裡，盛裝的貴族男女卿卿我我的調情場面；布歇為路易十五的情婦蓬巴杜夫人所作的肖像畫，把她描繪成一個千嬌百媚的蕩婦，全然沒有莊嚴典雅的貴婦氣質，卻使得蓬巴杜夫人芳心大悅；佛拉貢納爾在《圖畫課》裡不畫教師上課的情景，卻表現著男教師如何同女學生調情作樂。

女人和性構成了十八世紀宮廷生活最鮮艷、最激情的一幕，但理性約束下的法國男人卻成為這一幕中最可憐、最變態的角色。

女權主義的智慧奇徑

「我首先是人，其次才是女人！」這是西蒙・波娃在她的《第二性》中所發出的震聾發聵的吶喊，而她的一生中也正實踐了自己作為一個人，而不是一個女人，更不是男人的妻子的誓言。她同保羅・沙特同居數十年，卻始終不曾結婚。一位新女性主義的女強人、一位存在主義的哲學巨人，構成了本世紀法國最為浪漫的一對戀人。

波娃的一聲吶喊，卻也道出了一個事實：法國男人從來都是把女人僅僅當做女人看待的。

一則笑話很好地說明了女人在法國男人心目中的形象。巴黎德特爾廣場一家鮮花店生意興隆，原因是老板想出了一則精彩的廣告：

今日本店的玫瑰售價最為低廉，
甚至可以買幾朵送給太太。

在法國男人眼裡，女人是可以給人帶來快樂和愉悅的尤物，她們的優雅姿態、溫柔談吐，乃至於女人的嫉妒、任性和嗔怒都是一種美的享受。所以，男人才會盡心盡力去討好她們，為的是得到感官的享受和內心的慰藉。至於自己的太太，就像一只花瓶，幾朵低廉的玫瑰就可以將她打扮起來，供己一享眼福。

法國男人就像中世紀的騎士般，可以抱著琴，站在他敬慕的女人窗下，輕吟低唱，極盡纏綿溫情之能事。然而，一旦這些女人企圖跳出尤物圈、花瓶圈？想進入男人的傳統圈子，騎士們便會立即棄琴，提劍，上馬，像十字軍東征一樣，保護他們的「聖地」——哲學與政治。

在男人們看來，這兩塊「聖地」是絕不容女人染指的。盧梭就認為，女人只適合於接受家務教育。政治哲學家梅斯特爾曾說：「知識對於女人來說是最危險的。」空想社會主義者蒲魯東更為極端，他認為女人只能扮演兩種角色，一是家庭主婦，一是妓女；並有根有據地統計出，女人的智商和道德感只有男人的三分之一。

畫家德拉克洛瓦在其傑作《自由引導人民》中，畫了一位裸露上身的自由女神，左手持槍，右手拿旗，振臂號召身後的革命戰士奮勇殺敵。但這並不意味著法國婦女在政治上的地位提高到能夠領導男人們衝鋒陷陣的地步。一七九三年，在反對吉倫特黨人的鬥爭高潮中，由女藝人克萊爾・拉孔布發起並領導成立了「革命的女共和主義者協會」。六個月後，協會就被禁止了。一位名叫蕭梅特的埃爾貝派議員憤憤然寫道：「是什麼時候開始允許婦女放棄原來的性別來冒充男人的呢？又是什麼時候開始允許把婦女們不在家裡恭恭敬敬地侍奉男人，放棄家務，放棄嬰兒的搖籃，跑到公共場所拋頭露面，在講壇上高

· 自由引導人民

談闊論……履行天生只有男人才配履行的職責看作是體面而合理的呢？」❷

　　政壇永遠只是男人的世界。大革命期間的政治權利平等，並未給婦女帶來參與政治活動的權利；至於思想，女人只是男人的忠實聽眾。儘管她們是沙龍的發起、組織者，但在沙龍裡高談闊論、講經論道的絕沒有女人的份兒，她們只能微笑著點頭，或柔聲細語地隨聲附和。

　　思想和政治是柔弱的女性所無法攻破的男性堡壘，女人們只有退而求其次，在她們最為擅長的裝扮穿著上爭得一份表現她們的個性及做人而不是做女人的權力。喬治·桑原名奧羅

---

❷　〔法〕雷吉娜·佩爾努：《法國資產階級史》（近代，下冊）。

爾·杜班，但她偏偏喜歡用「喬治·桑」這個男性名字；而她的裝束更是比男人還男人，一身崗亭式的男式長禮服，用灰色呢料做成的長褲和坎肩，頭戴一頂灰色帽子，繫上一根很大的羊毛領帶，腰間還懸掛一把短劍，既像個大學一年級的男生，又如同中世紀的騎士。欣喜若狂的喬治·桑彷彿突然間找到自己的另一半。她說：「我無法形容我穿上長統靴的時候是多麼快樂⋯⋯這種鞋腳跟又小又緊，我踏著它，在河邊的人行道上顯得強健有力。我在巴黎飛來飛去，從這頭跑到那頭。我彷彿覺得可以周遊世界了。穿上這身服裝之後，人也變得無所畏懼了。」法國女人的自我妄想症夠嚴重了，一身男性裝束就可以使她們陡然間感覺有了一種男人的力量和權利而自鳴得意起來。這也難怪為何法國女權運動的始作俑者居然是兩位大男人，而且始終難成氣候。

不過，法國女性很快就發現，喬治·桑的智慧並不能使她們作為一個「人」存在於這個社會，最多不過是獲得一種虛幻的「男人感」；她們需要的是與男人擁有同樣的權利，同工同酬、同樣的參政表決權，表現自己與男人同樣的哲思和才智，而不是倒過來「做」一個男人。目標明確了──為權利的平等而奮鬥；但途徑卻依然是那條老路──服飾裝扮。

一九四六年，一位名叫路易·雷爾德的法國服裝設計師設計出一種「三點式」泳裝，三塊小布片兜住女性身上最震懾男人眼神的三處隱祕，其餘則一覽無餘。這種令人咋舌的泳裝就像是一枚投在海濱浴場的核彈，其當量絲毫不亞於四天前美軍在太平洋馬紹爾群島最北端的比基尼小島上所試爆的那枚氫彈。一些激進大膽的法國女郎率先穿起這種被稱為「比基尼」的泳裝，在海灘上玉體搖曳，招搖而過；用這種似露未露、含而未露的視覺智術來嘲笑那些瞳孔放大、口舌發乾，躲在沙堆

裡胡思亂想的男人。

女人們忌恨男人可以在浴場裡肆無忌憚地裸露上身，比基尼使她們的心態有所平衡。但潛在的「裸露平等權利」一直為部分女性所推崇，發展至今，便有了「無上裝運動」。一些女權主義者提出，為什麼男人可以光著膀子橫行於光天化日之下，而女性卻只能在浴室裡和家裡才能享有裸露的權利。

一位美國攝影師特意為這種女權新思潮放了個實驗氣球：他請了一位高躺迷人的巴黎著名女模特兒，頭戴黑色禮帽，手拿精緻的手袋，一襲黑色的裙褲，唯獨上身寸絲不掛，然後在大街上邁著優雅的一字台步，攝影師跟蹤其後，攝下周圍群眾的反應。令他倍感驚奇的是，人們似乎並未對這種新潮服飾給予太多的關注，許多擦肩而過的男人只是瞥了一眼，微感驚詫，仍走自己的路。反倒是一位老太太看不慣，在背後指指點點，大歎世風日下。

法國女人為了爭取那一份「人」的平等權利，雖然奇智迭出，但走的仍然是沿襲多年的那條狹窄的羊腸歧道。然而，也正是由於法國女性敢於在這條歧道上跋山涉水，從而以一種先鋒意識的姿態為自己贏得了一份尊重，並且塑造了法國女人高貴又不失大度、典雅又兼具風情的世界級形象。

查理曼大帝的愛慾指環

相傳，查理曼大帝的妃子有一只奇異的指環，只要這只指環在她手裡，查理曼所有的愛戀就都只繫於她一人身上。

一次，她得了重病，奄奄一息。為了不讓查理曼大帝愛上別的女人，臨死之前，妃子把指環藏在嘴裡。於是，國王便沒

了主心骨，心無所繫，好像瘋了似的，不思朝政，只是日夜悼念亡妃。有一個聰明的大臣茨爾炳看出了國王的病根並不在於亡妃，而是那只指環，於是趁查理曼睡著之際，偷偷潛入內宮，在王妃的口中找到了指環。當他把指環套在手指上時，國王醒了，他飛奔到茨爾炳身邊，緊緊抱著他，溫柔地對茨爾炳說：「願咱倆永遠在一起。」然後一腳把王妃的屍體踢開。茨爾炳知道國王已經隨著指環的轉移而愛上自己，對自己言聽計從。正直的茨爾炳叫查理曼勤政、安葬王妃，國王都一一照辦。茨爾炳卻擔心，萬一指環落於奸人之手，國王豈不變成做惡的工具了。但自己拿著指環，整日像男寵一樣隨侍國王，茨爾炳也很痛苦。

一天，他來到森林，悄悄把指環扔進湖中。查理曼大帝的舉止恢復了正常，但指環的魔力依然在牽縈著國王的心，他鬼使神差地來到森林裡的那口湖旁，望著銀光粼粼的湖面，暗自傷神。查理曼大帝在湖邊彷徨了好幾天，終於決定在池畔建造一座宏偉的宮殿，與湖水長相廝守。

這個神奇而浪漫的傳說在法國一直流傳至今。人們眷戀那只遺棄在湖中的指環，嚮往著它那攝人心魄的魔力。愛慾，只有超乎於肉慾之上的精神之愛慾，才會具有如此醇香久遠的魔力。這種力量浸染著人的整個身心，使他忘卻功利和獸性，走向倫理的至高之善。

中世紀的法國南部有一個封建領主喬西聽了一個傳教士的布道之後，頓悟出一種高貴之愛。他宣稱愛不是墮落，而是昇華，不是骯髒的原罪，而是神聖的神祕。每一位淑女的體內都有一個值得崇拜的愛慾女神。一位吟遊詩人馬可布從中受到啟發，把這個愛慾女神歸因為美德，認為這種美德可以將女人提升到純潔無暇的高尚地位，淨化愛情中的肉慾污點，而臻於純

粹精神的領域。

於是，美德與愛慾便成為吟遊詩歌和以後的騎士文學競相歌詠的主題。任何肉體上的慾望都被篩濾出來，只剩下互訴衷腸和海誓山盟。接吻、擁抱都適可而止，最肉感的也只不過是讚美一下對方裸體的完美而已。

可是，世風日下，人心不古，法國人埋葬了吟遊詩人，拋棄了騎士文學，就像茨爾炳把指環拋到湖中一樣，他們選擇了隨「性」所「慾」的放蕩生活。到了十八世紀，一個孤獨感傷的盧梭卻又重新撈起了指環，並為之目眩神馳——

> 奇妙的魔力喲，您又一次來幻惑我的眼睛了！這些多麼可愛的線條的神奇效應是何等迅速，何等弦烈！不，為了感覺到它，完全不用你想像那樣需要一刻鐘，一分鐘，一瞬間，就足以從我的胸膛裡引出一千聲弦烈的歎息，你的倩影喚起了我消逝了的幸福之回憶……❸

女人，在盧梭眼裡，是一種美麗的尤物，只可欣賞與呵護，不能玩弄與占有，因為他追求的是一種深摯持久、超越功利和肉慾的愛慾。雖然他身旁的女人總是來了又走，愛情之花總是謝了又開，但他對每位女人都充滿了天真無邪、純潔透明的深情。

他和華倫夫人同居十年，兩人相依為命，盧梭自己也不知道他們之間是情人還是母子，但他並不在乎這些名分。他對任何身外之物都不屑一顧，因為他本來就是一無所有的孤獨的「野蠻人」。正因為孤獨，所以他特別珍惜這純潔高尚的兩人

---

❸　盧梭：《新愛洛伊絲》。

世界，一切希望和願望都寄託在他倆的相互占有中。

　　「我們的這種占有可能是世上絕無僅有的占有。這不是我前面說過的那種一般愛情上的占有，而是某種更本質的占有；它不是基於情慾、性別、年齡、容貌，而是基於人之所以為人的那一切。」❹

　　早期希臘神話曾說：「愛慾，愛之神，起而創造世界。」

　　當我們這個星球還未有生命而顯出一片沈寂荒涼的時候，是愛神舉起他的生命之箭，射穿了地面的「冷漠胸腔」。於是，「褐色的地表便覆滿了一片膏腴的蔥綠。」愛慾和性（象徵著陽具的箭）攜手創造生命，愛神向一對泥製男女的鼻孔裡吹進了一股氣，給他們帶來了「生命之息」❺。然而，從此愛慾與性也就分道揚鑣了，性作為人類的生命本能，始終展示著人類動物性的一面，而對於使人之所以為人的愛慾，人們卻棄之如敝屣，就如同丟棄那只神祕的指環。

　　從柏拉圖開始，人們就試圖重新找回愛慾的指環。它似乎始終就在人們目力所及之前方，虛無縹緲，若隱若現。然而當人們竭力想擁上前去，感受它的純潔與神祕時，卻發現自己的手腳被肉慾之神緊緊縛住。人們終究無法徹底拋開肉慾，把愛慾攬之於心。柏拉圖也只好苦歎：（愛慾）完全是目的性的、目標導向性的，它永遠朝著駕乎本質的目標前行。」

　　連最理性的哲人也只能望愛興歎，感性的法國人更是只能用查理曼大帝的指環傳說來寄寓他們失去愛慾後的哀思。雖然喬西、吟遊詩人、騎士，乃至盧梭都宣稱他們鄙視肉慾，並用最美麗之語言來歌頌愛慾之偉大，但是，上至王室宮廷，下至

❹　盧梭：《懺悔錄》第一部。
❺　〔美〕羅洛梅：《愛與意志》。

妓院舞廳，肉慾之橫流照樣是激情澎湃，無情地吞噬著愛慾之清流。

愛情的墳墓和婚姻的陷阱

「婚姻是愛情的墳墓。」

這是情人們最為心驚的一句咒語，它曾使多少沈湎於愛河之中的情人們久久徘徊在婚姻的門檻之外，因為他們擔心失去曾經有過的那種纏綿與悱惻、浪漫與純情，雖然最終仍不得不踏進門檻，但門楣上的那句咒語卻時不時刺激著他們的神經。於是，法國人便想起查理曼王的那只神奇的指環。它那純潔高尚的愛之魔力定能解除這個惡毒的咒語。新婚伉儷交換戒指的習俗便由此開始了。

一四七七年，奧匈帝國的王子馬克西米蘭想向法國東部勃艮第的瑪麗公主求婚。但他不知如何向公主表達自己的愛意。於是，便向老臣英羅爾坦蓋博士求助。博士見多識廣，他知道一枚鑲有圓鑽石的金戒指定能博得法國公主的歡心，因為它象徵著純潔無瑕的愛情。馬克西米蘭照計行事，果然如願以償。從此，這種用鑽石戒指求愛訂婚的形式便流傳開來。

然而，自從查理曼王的指環被他的大臣茨爾炳扔進森林中的那潭湖水之後，這世間便不會再有真正的愛之指環；儘管人們精工打造的戒指可能比查理王的指環精緻華貴許多倍，但它仍然無力阻止愛情滑向婚姻的墳墓。

一枚小小的戒指無法決定一場婚姻，它只能戴在人的手指上，不可能套在夫妻的頭上；真有魔力的只能是金錢與地位。一九一二年，巴黎高等法院的一位法官在一份判決書中不無傷

感地寫道——

> 昔日的婚姻是建立在至高無上的愛情之上。從基督降
> 臨之日起，世風便潛移默化，社會制度把婚姻變為赤裸裸
> 的經濟條約，就像要防止兩派之間可能出現的欺詐一樣，
> 它預示著夫妻之間潛在的不信任。此風自上個世紀漸起，
> 今日尤甚；因為現在的婚姻，錢是真正的原因，丈夫要嫁
> 妝，妻子買保險，媒人首先必須處理好其財產才算稱
> 職。❻

　　對於法國人來講，婚姻最普遍的意義是增加一個人的信用
和財產，保証其在事業上的成功。戲劇家所寫的有關愛情婚姻
題材的戲中，著墨於婚姻中的財產關係所引發的曲折糾葛，居
然超過了兩人之間的愛情波折。一九四七年所做的一次民意測
驗顯示：只有1%的男人和5%的女人認為愛情是生活中最重要
的，47%的男人和38%八的女人看重的是金錢，其次是健康、
和平和理想的家庭。所以，當時報紙的徵婚啟事欄裡，嫁妝金
額明碼標價成了男性求婚者不成文的規則。因為戰爭，使法國
男人奇貨可居，價碼自然上揚。一個公証人告訴他的顧客，一
個年輕小伙，「依今天的生活水準和情勢來看，娶個老婆絕對
不能低於十萬法郎的嫁妝。」因此，在正式訂婚之前，雙方一
定要看一看住房、家業，有時還要了解一下父母乃至近親有多
少土地。至於了解未婚妻的妝奩，包括衣服、家具、一定數量
的現金或息金等等，就更不用說了。
　　地位相對於金錢來說，意義稍許減弱，但絕非可有可無。

---

❻　〔英〕西奧多・澤爾丁：《法國一八四八、一九四五》。

理想的婚姻就是一場公平的交易，門當戶對，雙方才會在心態上平等均衡。而斯湯達爾的小說《紅與黑》中的主人翁則把他的愛情當作進階上流貴族社會的敲門磚。在給市長當家庭教師時，勾引市長夫人。東窗事發後，逃進神學院。一心追名逐譽的于連忍受不了教士的清苦，他到了巴黎這個花花世界，在宮廷要臣德·拉莫爾侯爵家裡當祕書，又向侯爵的女兒瑪蒂爾德小姐發起進攻。因這場婚事，侯爵給了于連一張驃騎兵委任狀，使他終於爬到事業地位的頂峰。但好景不長，很快就高處寒風螫人，一切夢想與榮譽都化作灰飛煙滅。

其實，早在夫妻雙方交換戒指之前，他們的雙腳就被金錢與地位兩條鎖鏈套住，慢慢地拖向婚姻的墳墓。因為如果沒有事先權衡雙方的地位差異，沒有就金錢與財產問題達成一致的協議，他們的戒指就不可能含情脈脈地套在對方的手指上。在這方面，法國人體現了他們慣有的理性原則，一切東西只有明白無誤地用法律條文規定下來，才會永久不變，愛情與婚姻也不例外。尤其是在農村，婚前首先要解決好財產的所有權問題，一般是由雙方簽定財產婚約並辦理公証。婚約中要寫明未婚夫婦的全部財產、未婚妻的妝奩和未婚夫的產業。

然而，事實証明，用法律保障婚姻的持久，就像用戒指希冀愛情的永恆一樣，只不過是美好而虛無的海市蜃樓。

離婚率的上升，這樣的折騰，再感性的法國人也經受不起。忙忙碌碌，投入無數感情與金錢，收穫的卻還是那句咒語：婚姻是愛情的墳墓。因此，越來越多的法國人開始對婚姻敬而遠之，相應的結果便是結婚人數持續下降和非法同居人數日益增加。

智慧，在愛情與婚姻的漩渦中迷失，查理曼王的指環、細緻入微的法律都被這個漩渦所吞噬，吐出來的只有金錢和地

位。因此，法國人只有「惹不起、躲得起」，離婚、同居便成為他們智慧的下下之智。

用感性和理性調製過的性和愛

古希臘神話記載：美神與戰神生下幾個孩子。第一胎愛神厄洛斯長得清純可愛，但第二胎的孩子卻總是長不大，身材矮小，一副孩子氣的小臉蛋上長著一對酒渦。美神為他的健康感到十分擔心，於是去請教席米斯。席米斯以神諭的口吻回答道：「沒有激情的愛，是無法成長的。」後來，當激情之神安特羅斯降生之後，孩子便開始成長壯大。

性與愛原本就很難擺平。天主教從來都把性當作是婚姻中不得已而為之的下下之策，只有在維持家庭結構和人類繁衍的時候才偶爾為之。約瑟和聖母瑪麗亞並沒有肉體接觸，相敬如賓。遺憾的是，即使是天主教徒占 80％的法國，約瑟和聖母瑪麗亞也只能站在教堂的祭壇上，表演她們之間的聖潔之愛。法國人白天虔誠地對他們頂禮膜拜，晚上照樣去紅燈區快活一夜。他們很善於調和這其中情感和道德的巨大落差。

一九二〇年，阿貝‧格瑞索出版了一本書，連續再版了三十三次，並榮膺法蘭西學院獎，因為他使法國人的這種調和有了理論指導：「上帝的智慧早已預見到，夫妻之間如果沒有快感的推動，他們就無法接受嚴格的天誡。」換句話說，只要不把性快感當作唯一的目的，仁慈、寬容的上帝也會睜一隻眼、閉一隻眼的。然而，在法國，有人就是敢把上帝的另一隻眼也堵上，其中翹楚當推沙德。他很自豪地以「虐待狂」（Sadism）一詞而留「芳」百世。

沙德曾在監牢裡待了十三年，罪名是給一些妓女服用過量的春藥「西班牙蒼蠅」，而使她們陷入半中毒狀態中。然而一出獄，此公便又拋出一顆性炸彈《賈斯汀》。無辜而純潔的少女賈斯汀，在沙德的筆下，像待宰的雞一樣被綁起來，任由獸性大發的野蠻人在她身上嗅個不停。後來，她和一位外科醫師逃了出來，但這位外科醫師卻想將她活體解剖。好不容易又逃離虎口，她又落入了狼穴，看似彬彬有禮的君子卻是個殺人色魔。最後，在由上蒼所降的一陣雷電中，賈斯汀滿含淚水地離開人世。

　　沙德以其絕無僅有的第一手資料和在酒吧、瘋人院、監牢裡的道聽途說，加上豐富的想像力、大膽露骨的文學描寫，使他的這部處女作風靡全法。那些在公共場合對女性執禮甚殷的王公貴族紛紛躲在床上，人手一本，沈浸於對女性百般蹂躪的性幻想中。

　　沙德的《賈斯汀》同時還開創了自然主義的先河。他振振有詞地說：「愚人反對我，說是『自然』為實現其律則而設計出來的工具。自然賦予他們野蠻而血腥的性格，此乃生命的真相。」❼

　　從某種意義上講，沙德的這種「自然性慾」說同幾百年後弗洛伊德所提出的原欲理論異曲同工。啟蒙思想帶給人們的是思想上的革命，尊崇個性發展，強調理性約束下個人感覺的愉悅；而自然科學的進步，又使人們不再感到自然的神祕莫測，遙不可及，而有了一種親近感和認同感，因為人本身也是自然的一個組成部分。

　　性愛是人類的原始生命力，是自然選擇的結果，任何時候

---

❼　蕾伊・唐娜希爾：《人類情愛史》。

對愛的壓抑都是對自然的不敬。事實上，人也不可能強行抑制自己的衝動，就像他無法征服自然一樣。天賦人權下的自由個性精神同科學的自然規律成為法國人放浪形骸的兩大理論法寶。這也難怪，法國人的理性精神對感性從來都缺乏強有力的約束，法國人強烈的感性要求使他們的理性只能適用於社會制度、國家秩序、法律精神等領域。伏爾泰是理性思想的集大成者，但自己的情愛世界同樣不羈，居然同比自己小十二歲的伯爵夫人私奔。

理性與感性的分野在自然主義作家身上表現得最為突出。一方面他們強調用科學和理性對自然仔細觀察，真實地去描寫自然和社會；另一方面，他們又用生花妙筆大肆渲染性衝動的不可抗拒性。「色慾的光波」、「肉之魔力」、「性慾的火焰」這些都是自然主義大師左拉所極力吹捧的。

而巴爾扎克在《貝姨》中通篇貫穿著一條主線——性愛如何使人陷入墮落而無法自拔。埃克多‧于洛曾是拿破崙帝國時代的後勤司令、七月王朝陸軍部署長和參議官，立下赫赫戰功，有著飛黃騰達的歷史。然而，年逾七旬的于洛卻無法控制內心強烈的情慾，到處拈花惹草，勾引下屬的妻子，同窮人家的小姑娘姘居，甚至對家裡的廚娘也有採花之意。慾火如焚的于洛毀滅了自己的家庭，最終也毀滅了自己。他投機詐騙，犯了大宗盜竊罪，不得不丟官棄職，改名換姓，流亡鄉下，最後淪落巴黎生活的最底層，成了一個窮困潦倒的苦老頭子。巴爾扎克用他理智現實的筆觸精心雕琢出一幅第二帝國時代法國上層官僚乃至下層民眾為性所困的群像，同時也流露出一種對人類野獸般之欲望的無可奈何。

理性在性慾面前是無能為力的；相反，它的壓抑只能使性慾以一種曲折、變異的方式爆發出來。在性保守的維多利亞時

代，妓女比以前的任何時期都要泛濫，理性文明更把性愛也推入了計量化、技術化的時代。充斥書肆的性愛大全、新婚指導、三級錄影帶用最現代化的錄影手段真實地再現著性的每一個細緻入微的動作，甚至電台的節目主持人也會在深夜悄悄地告訴人們一周最佳的作愛頻率。人們誠惶誠恐地拜倒在科學的腳下，腦海裡充斥的淨是些「姿勢」、「高潮」之類概念，科學與原始本能完美地結合在一起。

Chapter 5

法國式的慾和利

饕餮的慾望

「人生得意須盡歡。」法國人並非總是春風得意，但他們卻時常拼命「盡歡」，從不委屈自己的感情。激情澎湃，便上街革命；肉慾衝動，便去青樓狎妓；閑暇寧靜，便徜徉於藍色海岸；兩情繾綣，便纏綿於床笫之歡。而對於自己的口腹之慾，法國人更是有求必應。

當路易十六聽到革命法庭宣布要送他上斷頭台時，面無表情，倍感空虛的不是他那即將失去的生命，而是胃。所以一回到牢房，他就吃了六塊炸肉排、大半隻雞、幾個雞蛋，並灌下兩杯法國葡萄酒和一杯西班牙酒，爾後便蒙頭大睡。不知在夢裡，他夢見的是上帝，還是斷頭台？或許只是一場萬人雲集的宮廷大宴？

對十五至十六世紀的法國人來說，「理性」還是一個陌生的字眼，因而感性可以無羈無絆，自由揮灑。但是，感性之駒，沒有理性的韁繩，既可以自由如天馬行空，馳騁於想像力與創造力的無盡空間，也可能瘋狂如野駒烈馬，將文明踐踏於四蹄之下。

法蘭克王國時期很盛行一種用麵粉和糖膏製成的碩大點心，點心製成後，傭人們用一個大架子抬上席來，當眾把蛋糕打開，以向客人們展示其精心布置的奇觀：會飛的活鳥、湧酒的噴泉、整隻的鹿和野豬，甚至在蛋糕中藏著啞劇演員或是演奏著樂曲的樂師。狹小的蛋糕內部空間，居然蘊藏了廚師們如此豐富的想像力和創造智慧。而當時最風靡的做法是鳥禽肚中有鳥禽，即鴇肚中有天鵝，天鵝肚中有家鵝，家鵝肚中有雞，雞肚中有百靈鳥。這隻大肉禽經過火烤，油脂不斷滴下，四周擺滿香腸、燉肉和濃濃的調味汁。

也許是這些珍饈佳肴實在過於誘人口欲，任何人置身於前，都會忍不住衝上前去大快朵頤；即使是高喊「理性至上」的笛卡兒和伏爾泰，恐怕也無法遏制那種「擋不住的感覺」。

　　早先的高盧人最愛在野外烤野豬肉，三、五人圍成一圈，碩大的肉塊用肉叉揮好，放在火上烤熟，加上蒜，旁邊再放上烤野兔、烤雞、烤鵝，當然不少了幾壇佳釀美酒。日薄西山，陣陣香氣瀰漫於山林翠谷之中，食客們按捺已久的食欲開始狂洩，順手操起一塊，大嚼起來。那情形如同非洲草原上常見的一幕：幾頭獅子圍著一頭野羊，不消片刻便只剩下血跡斑斑的骨架。酒足肉飽之後，已是夜幕初上，人們趁著微醺的酒意，開始縱情狂歡。

　　法國文化，從某種意義上來說，是一種「嘴文化」。口若懸河的談話辯論，頻繁的接吻和吃喝，使法國人嘴的利用率高居不下。不過，他們似乎覺得一張嘴仍不足以表達強烈的內在感情，於是便把手也充分利用起來，發明了「飛吻」，並急於用手勢來增強自己談話的氣勢。同樣，在餐桌上，貪吃的食客心裡都很清楚，用手抓要比餐叉、餐刀更方便快捷得多。在如狼似虎的餐桌「食尚」裡，獵刀霍霍，大塊割肉，幾十隻手在餐桌上飛舞，成為當時宴會上司空見慣的場景；有時為了防止扎傷手，還戴上精緻的手套。飯後，滿嘴流油的食客往往順手抄起桌布抹手擦嘴，好不瀟灑快意。

　　然而，當餐桌上擺上了銀製的刀叉、精緻的碗碟和潔白的餐巾，食客們知道他們不可能再像以前那麼瀟灑放浪了。有一則笑話很能說明法國饕餮在理性甦醒後的悲慘境遇。一次晚宴上，女主人端上了美味佳肴。但礙於禮儀，客人們都正襟危坐，誰也不敢第一個動叉。忽然一陣風吹來，蠟燭被吹滅了，房間裡漆黑一片。女主人轉身出去拿火。剛一出門，就聽餐廳

裡傳來一聲慘叫。慌忙點燈，發現食客們的手正伸向那一盤盤肥雞、香鴨，卻鮮血淋漓，手背上揮著明晃晃的刀叉。看來，人類從野蠻走向文明，的確付出了血的代價。

有些人還停留在以手取食的感性階段，有些人已進化到使用刀叉的理性文明。然而從理性的刃叉刺入感性的手那一聲慘叫中，我們看到的仍是法國人一脈相傳的那種對吃的狂熱。這種狂熱是理性所無法抑制的。凡爾賽的宮廷傳記作家聖·西蒙曾經為路易十四的吃風歎為觀止。他記載道——

> 一大群各色人物圍坐一圈，親眼目諸路易十四在吞嚥那些水果、大塊牛肉、一大盤沙拉、三隻鷓鴣、一個雞蛋大餡餅和各種蜜餞時優雅的風度和規範的禮儀。❶

雖然這種放浪形骸的暴飲狂食，從表面上看，帶來的只不過是高脂肪、高蛋白的攝入量與腰圍的同步增長，但在那動輒千桌的豪華大宴上，與肉香、酒氣一起升騰彌漫的是法國人對飲食近乎宗教般的虔敬。儘管在以後理性之風浸染下，法式大餐走向了文雅和規範，儘管由於近世人們對於肥胖的恐懼，使其不可避免地也趨於節制和科學的營養搭配，但這種虔敬之心卻繞梁千載，彌久不散，成為這個「食府天國」最深厚、最具生命力的精神內涵。

人們常說「食在××」，不但意味著一種博大深厚的飲食文化，一種食不厭精的精緻文化傳統，而且又是一種實實在在的商業和民生智慧。精英、「成功人士」和大腕輩的大吃大喝和「××全席」式的鋪張在生產力落後的條件下，也是一種促

---

❶　潘小漪：《法國》。

進有效需求的有效經濟手段。其中的智慧妙處，只要仔細讀讀經濟學的著作便可領悟——儘管其消極處甚多，但作為客觀的文化現象，不以人們的意志為轉移，其中就有道理了。

經過理性精煉的口腹之慾

據說，香檳酒是十七世紀末葉，法國屋特維蘭修道院裡的修道士唐·佩里尼翁在一次偶然的機會裡發明的。想不到整天尋求同上帝通感對話、皓首窮經的修士居然也會對人間和自然給予如此客觀縝密的觀察，並從中總結出規律來。不過，細析之下，這兩者之間的聯繫又不難理解了。因為無論是天界、人界，還是自然界，都有一束光——理性的智慧之光。在天界，這束光被上帝頭上那圈信仰的光環所淹沒。但從約翰·司各脫到托馬斯·阿奎那，基督教的經院哲學家都無法否認理性之光的存在，並且還下意識地用理性的邏輯推理來論証上帝的存在和信仰的絕對性。因此，我們完全可以想像，在修道士唐·佩里尼翁的心中那道理性之光束與自然的理性一拍即合後所激盪出來的結果——此即為香檳酒的發明。

理性追隨著智慧，無時不有、無處不在。即使是在「感性至高無上」的香水界，也必須由理性的智慧來推動。世界上最昂貴的香水是由讓·帕多特研製生產的「歡樂」牌香水，一瓶三十毫升、用水晶玻璃瓶裝的香水要賣到四千法郎的天文價位。然而，看看它的原料及配製過程，絕對物有所值。它選用的是保加利亞的玫瑰和法國格拉斯的茉莉。配製一公斤香水，至少需一百萬朵蓓蕾初放的茉莉，每一朵茉莉只有不足十分之一克重；更令人不可思議的是，所需的茉莉還必須是在夕陽西

下時分採擷的才算合格。假如沒有一種科學的理性精神，要完成這樣宏大細緻的工作是無法想像的。

如果說感性是時尚的外表，那麼理性則是時尚的靈魂。當法國人把他們最為感性的東西拿出來，塞進理性的火爐中錘煉鍛打，其實也就是在創造時尚。因為時尚並不意味著因時而尚，時間只是界定一種時尚的刻度，而隱含於時尚最深層的仍是一種相對穩定的精神。理性所做的正是提煉這種精神，規則化、定格化使之成為時尚千變萬化中的「不變」。

一五三三年，一位十四歲小姑娘特琳娜‧麥蒂奇從義大利的佛羅倫斯來到巴黎。日後，她成了法國國王亨利二世的王后。麥蒂奇與亨利二世的婚姻很難說有什麼愛情基礎，但也絕非沙中建樓；他倆至少有一個共同的紐帶——對飲食的嗜好。據傳，有一次在宴會上，麥蒂奇由於食用了過多的洋薊心、雞冠和雞腰，險些撐死。亨利二世的血盆大口比起王后的饕餮之腹毫無遜色。然而，就是這個狂飲暴食的王后，卻使得法國飲食走上時尚化的道路。

由於擔心飲食不服，麥蒂奇在來巴黎時，特意把佛羅倫斯最高級的廚師帶到巴黎，隨之也帶來了義大利貴族餐桌上的優雅禮儀。法國人也開始使用精製的瓷盤、水晶酒杯、銀製餐叉餐刀，學會了用潔白的餐巾抹嘴而不是在桌布上亂擦。

隨後，一場真正的烹飪革命開始了。理性和秩序的觀念逐步滲透到法國人的餐桌上。大塊烤肉和帶羽毛的全雞、全鴨被趕出筵席，濃汁齏醬讓位給用黃酒和焦黃的炒麵調製而成的清淡湯汁。一向喜歡制定規則的法國人此時也終於認真地想為法國大菜劃出個道來。

著名廚師拉瓦萊從一六五一年開始，一口氣出版了四本經

典菜譜。從此，法式大菜不僅在色香味上，更在理論體系上令整個歐洲飲食界刮目相看。到了拿破崙時代，拉瓦萊的體系被當時的卡萊姆發展到登峰造極的地步。他將自己那套鋪張、奢華、複雜得荒謬的烹調技法總結彙編成冊，從上菜的規則到每道菜的擺設，事無巨細，均涉獵無餘；甚至今天法國廚師頭頂的峨冠高帽也是由他設計的。卡萊姆的這五部載滿菜譜和享飪法的宏篇大作，至今仍是高級廚師的「聖經天書」。

二十世紀開始，又出現了埃斯高菲耶的《烹飪指南》，總結了幾百年的歐洲烹調史。儘管他很謙遜地認為自己不成體系，鼓勵他的弟子不斷創新，並孜孜不倦地修改他的菜譜，刪去大量陳腐過時的內容，但也正因如此，人們更不敢越雷池一步，「埃斯高菲耶書裡沒有的就不叫烹調」這句話成為法國師徒傳授的第一句格言。直至今日，法國每年通過考試，選拔大師級廚師時，仍要求考生在操作時嚴格遵守傳統的規章秩序。

同時，在就餐儀式、上菜順序以及餐具擺放上都有了一套繁文褥節；甚至在酒和酒杯的搭配方面，也規定了嚴格的套數。杜波耐雪利酒，用二、三兩橢圓底中等杯；雞尾酒用敞口高腳杯；沖了蘇打水或是摻了薑汁的威士忌和白蘭地，以及淡和一類的酒，用高柱平底玻璃杯；香檳酒則用鏤花大口半球形的鷥鷥腳空杯；白蘭地可用半兩的精緻蜜酒杯或是平底和小口鼓腹的高腳玻璃杯。選擇合適的酒杯盛裝一定的酒，這是主人修養和學識的表現。

理性創造了時尚，同時又使法國時尚在溫情浪漫之中抹上了些許冷峻的節制，從而以一種特有的「巴黎冷美人」的氣質獨步天下。

鼻子的智慧

如果說法國人的理性使他們創造出獨一無二的法國時尚，那麼法國人的感性則進一步使這種時尚弭於無形，達到一種至美至善的智慧境界。

尼古拉・馬姆納斯的鼻子是羅夏斯香莊的鎮莊之寶。正是憑藉這隻比狗鼻還要靈敏的鼻子，馬姆納斯聞出了羅夏斯香莊的王牌產品「光明」香水。他曾千里迢迢，跑到斯里蘭卡，夜深人靜之時，蹲在茉莉花叢裡，凝神吸氣，品味那一絲絲沁香；他曾如影附身地追著一位印度舞女，為的僅是嗅一下她手中那枝演出用的玫瑰花。

「十年磨一劍」，而馬姆納斯為了「光明」香水，竟然用了二十年時間來消化、提煉他所聞出的各種香味。

當記者企圖拐彎抹角打探馬姆納斯配製香水的配方時，他只是含笑不答。最後被問急了，才憋出來一句：「我是感覺出來的。」記者悻悻然走了。其實他稍微沈思片刻，就不會失望，因為馬姆納斯確實道出了他的智慧——感覺。

感覺首先是一種直觀印象。眼睛是人類首要的感覺器官，因而視覺便成為感覺最重要的來源之一。無怪乎中國菜系或法式大餐都把「色、香、味俱全」中的「色」置於首味。而感性的法國人在食之第一印象上似乎更勝中國人一籌，天馬行空的想像力和無窮的創造精神，使法國大師傅不僅在食物的色感上，更在食物的形狀搭配上傾盡全力。在宮廷的節日盛宴上，御廚精心炮製了一道令人咋舌的名菜「噴火孔雀」。首先，廚師將一隻孔雀整個烹製，爾後將羽毛逐根復原；復原後的孔雀栩栩如生，可以假亂真。但這還不足以使王公貴族的瞳孔放大，還須將孔雀的嘴和腿全部塗成金色，在孔雀的嘴裡放上一

塊燒著的樟木，然後由宮女們鄭重其事地抬到親王們面前。肉香撲鼻，香煙裊裊，五彩斑斕的羽毛交相輝映，煞是壯觀。

阿爾方斯・都德曾描述過他對蒜味蛋黃醬的感覺。他說：蒜創造了「一種善意和充實的感覺，一種像鴉片所產生的欣快，然而並沒有任何危險性。如果一個人躺下休息，這種感覺會更好；如果男女雙方都吃過蒜，那麼就會很容易誘發春情。」從飲食中居然能感覺出男女之欲，這種智慧同中國人「飽暖然後思淫欲」倒有異曲同工之妙。

巴黎一家廣告公司為了替一家叫作「餅模」的公司做宣傳，在香榭麗舍大道旁放置了兩塊用蛋糕做的廣告牌，巧克力與榛子的各一個，面積有十二平方米之巨，各重二百公斤，行人無不為之側目，同時還可隨意揪下一塊來吃。聰明的廣告商深知法國人的感覺心理，於是便出此奇招，用巨大的蛋糕刺激人們的視覺，同時又滿足人們的口腹之欲。雙管齊下的感覺轟炸果然不同凡響，消費者很快記住了這家「餅模」公司。

眼福與口福，直接與感覺掛鉤，餐飲業的老板自然不敢掉以輕心，但對於另一種間接的感覺刺激——環境，也並未成為被老板遺忘的角落。他們會不惜工本地裝飾餐廳，努力營造自己獨具特色的文化氛圍：要嘛雅致寧靜，要嘛古色古香，要嘛熱情奔放，要嘛充滿異國情調；總之要調動食客的所有感覺器官，用環境來吸引他們的注意力。這樣，即使菜肴質量差一點，食客們也感覺不到了。

帕特里西亞・維爾斯在他的一篇文章中，為我們生動地再現了巴黎小餐館的風情——

走進巴黎古色古香的小餐館，就會看到那些容貌優逸、腰繫直落胸前而又略帶皺褶的白色圍裙的服務員裡裡

外外應酬著。昔日先輩的全家福畫像醒目地掛在牆上，經常掛草帽的金屬鉤擦得熠熠閃光，客人們挨肩抵肘地擁坐在一起，交談著，啜飲著果汁，玩味著博若萊（法國舊地名）的佳釀。略微前傾的掛鏡中映出洗擦得　亮的盤子，裡面盛滿各色家常菜，有全黃色的烤雞、鮮嫩的清燉牛肉、堆得像小山一樣酥脆可口的炸馬鈴薯條和整齊地排在大碗裡的銀色鯡魚。」❷

然而，感覺的智慧窮盡到這種地步，還並未至於最高的境界，因為眼福、口福以及環境福都必須借助於外界事物來實現，實現的最終結果也只停留在他們所吃到，或所看到的。而創造一種發自於內心深層的感覺，便成為一種至高的智慧，這種感覺純粹是個人自我作用下的結果，因而無影無形，卻歷久不散。

在法國大革命的衝擊下，昔日的貴族王公或流亡國外，或破產沒落，或淪為階下囚，或被送上斷頭台。那些效勞於他們的大廚師，也被無情地拋向失業大軍，迫於生計而不得不自謀生路──當然只能幹自己的本行，於是便開起了餐館。

曾經煊赫風光的烹調大師們當然不願同那些低俗骯髒的酒館、飯館老板相提並論，他們謀求創造一種較為高雅、準貴族的用餐環境，以此來獲得昔日榮耀的片斷感覺，所以絞盡腦汁想出了一個典雅上口的名字：餐廳（restaurant）。雖然這個名詞最早出現在一個名叫布朗日的小店主所發明的一句廣告詞中，但巴黎第一家真正的上等餐廳還是由一位名叫安東尼・博

---

❷ 引自《世界博覽》，一九八八年十月號，第二十八頁：「巴黎小餐館風情」。

維葉爾的廚師在皇宮附近開設的。這位廚師早年曾效力於普羅旺斯伯爵。很快，博維葉爾餐廳的名聲開始在巴黎不經而走，人們*趨*之若鶩。

　　環境優雅，菜肴味美價廉當然是博維葉爾餐廳成功的一個因素，但最主要的原因是食客在餐廳裡獲得一種貴族式的滿足感覺。餐廳的選址緊靠皇宮，廚師是正宗的「貴族血統」，就連菜肴的名稱、上菜的儀式順序，一律依照宮廷的貴族模式。這種感覺的智慧已超越了感觀層面，而潛入到心裡層面，因而是最具誘惑力和持久性的。

創造「巴紐爾熱的羊群」的時尚

　　「歐陸風情，巴黎時尚。」這句話作為現代社會最能滿足人們奢華夢想的不二法寶，被廣告商鋪天蓋地地濫用。從富宅別墅，到夜總會酒吧，彷彿一貼上這個標籤，就陡然豪華高貴了許多。尤其是時裝，更是大打「法國牌」；單從那些看似最具巴黎味，實則連設計者自己都不知所云的商標品牌——諸如「佐丹奴」、「拉寇斯」、「蒙當‧迪朗」之類的法語詞彙來看，你絕對分不清它究竟是法國人親生，抑或雜交品種。

　　法國人很早就開始輸出她的時尚，時裝則是這股潮流的排頭先鋒。不過，這些先遣部隊拿的不是武器，而是一個個活潑可愛的洋娃娃。法國人把他們設計出的最時髦的時裝款式穿在洋娃娃身上，然後當作玩具，銷往維也納、馬德里、聖彼得堡、柏林。一六四二年，波蘭國王弗拉迪斯拉夫四世的妹妹就曾要求一個西班牙使臣，從荷蘭給她帶一個「法國式穿戴的洋娃娃，以便我的裁縫能有一個模特兒。」

的確，感性的法國人很清楚如何給人以具體形象的感觀刺激。一件乾癟、毫無生氣的衣服，如果用洋娃娃的線條來直觀地展示，效果當然不同凡響。這也是後來為什麼法國人第一個用模特兒展現巴黎時裝的無窮魅力之原因。

　　到了十八世紀，法國時裝成了世界時裝業無可爭議的龍頭老大。世界各地的紳士、貴婦紛紛來到巴黎訂購最時髦的服裝、帽子、花邊和其他裝飾品。大家一定還記得影片《亂世佳人》裡的一個鏡頭：神通廣大的白瑞德從巴黎給郝思嘉帶來一頂當時巴黎貴婦人最流行的蘇格蘭塔夫綢花帽。郝思嘉激動得兩頰通紅，那對綠眼睛所流露出的孩子般的興奮與滿足，使白瑞德心醉神迷，一切辛勞和愛戀此時此刻都得到了回報。

　　一頂小小的帽子竟會使郝思嘉如此欣喜若狂，這並不是因為白瑞德的好意和愛慕，而是巴黎的魅力。同巴黎貴族上流富貴典雅的流行時尚相比，白瑞德在郝思嘉心目中的地位還不如一頂來自巴黎的帽子。

　　整個歐洲的目光都盯著巴黎，她一感冒，千里之外的聖彼得堡也會跟著打噴嚏。威尼斯城的少婦閑著無事，最喜歡到那些剛從巴黎、尼斯等地返回的船長家串門，唯一的目的就是探聽法國宮廷貴族圈的最新流行動向，其熱情絲毫不亞於今天的那一大票「追星族」。其實，無論威尼斯的少婦，還是「追星族」，他們所追求的並不是具體的某件服裝、某個歌星，而是一種潛在、無形的價值體系和生活方式。

　　十八世紀的法國貴族，其奢侈豪華、富貴典雅、細膩纖巧的生活情調和審美情趣，借助於有形的服裝，彌漫於整個歐洲，滲透進每個人的欲望號街車。儘管每個人的社會地位、經濟能力、信息接受的程度不一，但在時尚的品味方面，都取得了驚人的一致，那就是唯法國人馬首是瞻。因此，「時尚」最

古典的意義並非「時髦」、「流行」，而從本質上講，應該是「師上」——紳士、貴婦師從王室宮廷，民眾師從貴族，外省師從巴黎，歐洲師從法國。

而「師上」的主要媒介除了沙龍和道聽塗說之外，最值得一提的便是一份《婦女時裝報》。在長達四十餘年的生涯中，它一直是當時貴婦小姐和少爺公子們必備的生活指南。

主辦人皮埃爾・德拉梅桑熱爾成了最具權威的時尚大師，那些大家閨秀被他的報紙折磨得死去活來，卻依然頑強地亦步亦趨著德拉梅桑熱爾的最新時尚。他的時尚可真是以「時」為尚，僅帽子的款式、質料和裝飾，每五天就要來一次花樣翻新。如《婦女時裝報》一八一二年五月十日規定：草帽必須是白色的，上面裝飾的翎毛是五至六根，「像垂柳似的倒掛下來」，但絕不能再多。到了十五日，一切全變了，草帽變成黃色，上面還要配上五、六種顏色的蘇格蘭塔夫綢和「一束五至六朵的玫瑰花」。❸

有一句俗語叫「巴紐爾熱的羊群」，頗為形象地描繪出當時法國人對時尚的盲目追從。巴紐爾熱是作家拉門萊塑造的一個人物。他足智多謀。有一天，他在船上遭到一個羊群商人奚落。為了報復，他用重金買下了那隻領頭羊，並把它扔進大海，羊群也隨著那只領頭羊紛紛投身入海。羊主心痛之極，死死拖住羊群，結果也一起隨羊葬身大海，以身殉羊了。

時至今日，「巴紐爾熱的羊群」仍然在往海裡跳，而領導這種時尚的「領頭羊」也仍然是那種典雅的貴族氣質。

在巴黎，二十三位最負盛名的男女服裝設計師組成了「巴黎女子時裝業協會」，他們只為全世界兩千多位最有錢、最有

---

❸ 〔法〕G・勒諾特爾：《法國歷史軼聞》（第三卷）。

身分的婦女和最漂亮的女演員設計服裝。這些人個個腰纏萬貫，富甲一方。她們根本不會計較服裝設計製作的成本。她們之所以選擇時裝業協會的大師們為其量身製作服裝，完全是因為這二十三位設計師的名字早已成了身分和地位的象徵，成了高雅時尚的代名詞。也只有穿上他們訂做的服裝，才能與自己的聲譽、地位相匹配，就像穿黑色夜禮服要配上白色鑽石項鍊一樣。

法國時尚的「巴紐爾熱羊群」現象已從歐洲蔓延全球。一件西裝，打上「聖・洛朗」的名字，便可以在原先的標價後面再添幾個零，照樣有人會毫不猶豫地把這些零套在脖子上，就像那些愚笨的羊群，義無反顧地跟著時尚跳入大海。

時裝的個性智慧

法國時裝店的老板有一項著名的推銷術，叫「獨一無二」法。在櫥窗內擺出一件服裝樣品，旁邊放一塊小木牌，上寫：本店限量十件。

「個性化」是法國時裝的最大特點。走在巴黎的大街上，你很難發現兩位女士穿著同樣的衣服；同時你也會暗暗察覺，巴黎女士的服裝很少有標新立異之舉，無論是休閑裝，還是上班服，絕大多數走的都是溫和的中間路線，既不過分花哨前衛，又不落後保守。於是，疑問便產生了：所謂的「個性」，究竟從何而來呢？

法國的服裝設計師在個性和共性之間摸索出一種獨特的智慧：大處著眼，小處著手。也就是說，從整體氣質協調搭配的效果出發，服裝總體樣式基本保持不變，而把主要精力和創造

性用於領口、袖口、花邊、鈕釦之類的小處之上，力求花樣翻新。十八世紀的法國時裝實則只有幾種類型，但設計師卻想出多達二百五十種方法裝飾這些服裝，單單鈕釦就有四百種之多。所以，無論是設計師的個性還是消費者的個性，都是通過這些細小之處透射出來。

但是，消費者作為上帝，可以自由地選擇她所喜愛的服裝樣式或某個設計師品牌下的服裝。反過來，時裝設計師卻無法選擇他們的上帝。上帝自古只有一個，那就是錢。因此，設計師必須把他們的個性建立在大眾普通的欣賞口味上。為了從消費者口袋裡掏出錢，個性不得不低下他高昂的頭，彎下他挺直的腰。

著名的時裝設計大師帕利‧拉邦納在六〇年代曾用金屬和塑料製作標新立異的奇裝異服，此舉扣準了那個時代躁狂、怪異、反叛的脈搏，因而他的設計名噪一時。但他並未有一種自由灑脫的創作感。他說——

> 每一種文明都需要一個傻瓜，而我就是那個傻瓜。我之所以存在是因為保守的服裝設計師太多了……我的先進思想是建立在高尚審美觀的限度上的；我站在前沿，抵制粗俗風尚。我製作令人反感的服裝，但我很容易把這些服裝銷出去。然而這種服裝只占我產品的 15%，其餘都是比較傳統的。❹

在法國時裝界，有人把皮爾‧卡登譏笑為一個最善於把個性玩弄於股掌之中，同時又是最沒有個性的設計師。因為皮

---

❹ 〔英〕西奧多‧澤爾丁：《法國人》。

爾‧卡登第一個同服裝批量生產商簽訂了合同，由廠商每年根據卡登的設計製作十萬套服裝，以「皮爾‧卡登」的品牌銷往世界各地。即便是一件充滿皮爾‧卡登個性智慧的設計，當它複製十萬份，穿在十萬個消費者身上時，還算不算是一種皮爾‧卡登的個性呢？

個性在金錢面前再度陷入尷尬的境地。那麼，每年在巴黎舉辦的時裝博覽會總該是設計師一展身手，顯示其卓然不群的創造力的大好時機了吧？其實也未必。寬大的「T」台上，風姿綽約的模特兒用她們優美的曲線，最大限度地表現著設計師的個性創作。隨著閃光燈的頻頻曝光，我們看到的是設計師自信的笑容，聽到的是他們預言家似的宣告來年的世界時裝流行趨勢。然而，我們看不見、聽不到的卻是——錢、錢、錢。

各大時裝公司開足了公關馬力，利用傳播媒介大造聲勢，使本公司旗下的設計師所設計的服裝有最充足的曝光率。連篇累牘的專欄文章、鋪天蓋地的廣告宣傳、渲染吹捧的名人訪談，這一切消耗的不是紙張，也不是感情，而是大把大把鈔票。那些沒有大公司撐腰，卻不乏個性和創造力的時裝設計師就淹沒在這鈔票的汪洋之中。於是，這個花花世界，只有錢就會成為最有個性的東西。

法國人愛錢有方

錢是每個人都無法斷然拒絕的東西，但也不是隨便就能攬入腰包。畢竟，錢只是一種交換工具，人們通過它得到的不僅僅是物質利益，更有社會關係的交換與溝通。所以，任何一枚小小的硬幣，後面都負擔著沈重的社會道德、倫理價值、感情

交往等太多太多的非物質內容，同時也可以折射出人們在它面前所流露出來的種種心態和價值取向。

凡事都不太在乎的法國人在金錢面前卻總是「猶抱琵琶半遮面」。雖然他們也知道「人無錢猶如狼無牙」，「黃金能開所有的門閂」，但卻無法放開手腳，像美國人一樣瀟灑地認定一個「錢」字而奮鬥。人們常說，愛情是可遇而不可求的，金錢則需要努力奮鬥去掙得。法國人的觀念恰恰相反。有人曾經戲謔道：如果把一個法國人和一隻猴子關在一起，過不了幾天，他就會向猴子發動求愛攻勢。而金錢永遠是不容炫耀、不可追求的。

法國人的平等思想，首先就是基於財產的平等而提出來的。巴黎大街上一眼望去，滿目皆是統一風格的房屋，沒有富人願意修一座豪宅來顯示自己的富有。法國人可以容忍某人享受一筆遺產，但對中了頭彩或在交易所中大撈一票卻不屑一顧。所以，在法國電視裡雖然也有「百萬大摸獎」、「六合彩」之類的賭博節目，但在螢光幕上絕對不可能看到像美國人中獎那樣興高采烈地炫耀他得來的高級轎車的畫面。容易激動的法國人此時卻表現得十分理性、克制，他們只是含蓄地接過頭彩，趕緊溜之大吉，跑回家和家人分享快樂去了。

法國人的這種金錢觀同基督教精神有很大的關係。天主教的保守勢力在法國根深柢固，即便是席捲歐洲的新教改革運動，對法國天主教的衝擊也十分有限。傳統的基督教精神對於金錢是嗤之以鼻的。

《聖經》中經常有讚美貧窮，鄙視財富的教誨：「幸運的窮人，你們將擁有大地。」「富人進天國多麼難啊！」基督教向來把貧困視為一種美德，貪圖物欲是罪惡之源。聖·托馬斯就把追求財富的欲望斥為「卑鄙無恥」。馬克斯·韋伯把這種

視貧困為美德的心態稱為「沒有特權的神正論」或「逃避的神正論」，是一種沒有經濟與社會特權地位之人的理性化和作出的一種辯護，它把沒有經濟等社會特權當成拯救的前提條件。

在法國，整天同錢打交道的商人是這種思想首當其衝的受害者，他們的社會地位一向居於末流。早在一六二五年，第戎高等法院就禁止向商人、檢察官和公証人的妻子授予夫人的稱號。莫里哀的喜劇《可笑的女才子》中有一句罵人的髒話：「再沒有比這種行為更商人化的了。」

所以，一個法國商人即使腰纏萬貫，也必然想方設法買官購爵，削尖了腦袋想鑽入貴族的上流社會。十七世紀初穿袍貴族的出現，便是這種心態的產物。他們用金錢買下同佩劍貴族一樣的特權和世襲權，也買回了那份自尊和自信。正如雅克‧薩瓦里在《完美商人》一書中所說：「在法國，一旦商人在商業中發了大財，他的兒女們絕不會繼承父業，而是入朝作官。」

法國國王的貪婪絲毫不亞於歐洲其他的封建君主，但他們卻不屑於同金錢打交道，擔心銅臭氣玷污他們聖潔的雙手。然而，沒有錢，即便是最聖潔、最高尚的國王也無法維持其宮廷的奢侈生活。於是，一個代替國王去接觸銅臭的特殊階層「包稅人」便應運而生。這些包稅人充其量不過是皇帝的一塊遮羞布而已，用以掩飾他們內心的金錢欲。國王缺錢花時，便以私人名義向包稅人借，同時把某項稅收的承包權，諸如王室海關稅、街道通行權稅之類送給包稅人作為回報。到後來，國王的胃口越來越大，借的錢越來越多，不得不把人頭稅、什一稅或人口稅等大稅也轉包給包稅人。

這些包稅人都是獨立經營的商人，名義上卻是國王的「錢櫃」。國王使用的錢櫃往往有上百個，當他需要用錢時，便指

定某筆花銷由某一個錢櫃支付。有句諺語：「國王不能從空錢櫃裡掏出錢來。」便是由此得來。商人們之所以肯花巨款買下包稅人這個位置，自是看中它是個肥缺。國王把他們當遮羞布，他們也把國王當成幌子，巧立名目，窮徵暴斂。百姓都稱這些包稅人為「上帝和眾人都討厭的」。國王對包稅人的囂張氣焰也懷恨在心，況且這些錢櫃越來越無法滿足國王的開銷。於是，一六六一年，藉審理財政總督富凱一案，以營私舞弊、組結朋黨的罪名，將二百三十名包稅人送上法庭。

一五二二年，掌璽大臣迪普拉為國王弗朗索瓦一世向巴黎市借了一筆款，以間接稅、鹽稅收入作保。為了償還債務，在巴黎發行了第一筆政府公債。從此，法國人有了一個用錢來生錢的絕妙方式。在法國人看來，這種方式與傳統的基督教精神絲毫不發生衝突。把錢用來買公債或存入銀行，它會自動生息，用不著背負道德的譴責，拚命去追求金錢。所以，銀行信貸業在法國一出現便迅猛發展。里昂早在十六世紀便成為歐洲最主要的金融中心。

二十世紀初，法國資本的輸出僅次於英國，占世界第二，每年僅利息收入就高達幾十億法郎。一戰前，靠剪息票為生的食利階層達二百萬人以上，連同家屬在內有五百萬人之巨，占全國人口的八分之一。這些食利者可以不必整天為了工作而忙忙碌碌，活得十分輕鬆自在。

馬克・布洛赫形象地描繪了這種信貸經濟的特徵：它永遠是一隻腳邁了出去，另一隻腳拖在後面，利用展期付款或償還借款，不斷進行著新的活動。整個法國社會都在熱情地注視著信貸事業的蓬勃發展，人們把進步的希望全部寄託在貼現工具的發展上，並把貼現工具的多樣化看作是無限增加財富的保障。然而，這種保障是否真的如人們所期望的那麼牢靠呢？

十八世紀初約翰‧羅的銀行倒閉的慘劇，使一個世紀後的法國人見到紙做的鈔票和信用券還心裡發怵。但潛在的金錢欲望和傳統道德的約束所形成的兩難處境，還是使許多人選擇了銀行這個聚寶盆。馬克‧布洛赫說：「人們總是用不斷期待著利息的樂觀精神，維持著猶如累卵般的險境。」❺儘管如此，法國的經濟還是以這種「食利」性而名聞天下。

法國人賺錢有法

法國作家魯古蘭寫了一部小說，乏人問津。他靈機一動，在報上登了一則廣告，「本書作者魯古蘭是百萬富翁，未婚。他所希望的對象，就是本小說中所描寫的女主人公。」一天之內，他的書便被未婚少女搶購一空。

生存，是人最本能的需求。當理性社會越來越露骨地把生存的狀態同財富簡單地對等起來，人類潛在的金錢欲望也就日益直觀。班傑明‧富蘭克林曾經用白得不能再白的話告訴美國人，誠實、守時、勤奮、節儉都是有用的美德。之所以有用，因為它們可以帶來金錢「時間就是金錢」，「信用就是金錢」，「金錢能生金錢」，「善付錢者是別人錢袋的主人」。

對美國人來說，這些通俗的口號每一句都是一顆糖衣炸彈。講求理性、含蓄的法國人當然不會如此厚顏功利，但內心對財富的嚮往絲毫不亞於美國人。當魯古蘭很感性地揭去法國人頭上那層理性的面紗時，我們就會發現，原來法國人的眼睛裡同樣閃著金燦燦的光芒。在巴爾扎克的《人間喜劇》中，描

---

❺　〔法〕雷吉娜‧侃爾努：《法國資產階級史》（近代，下冊）。

寫金錢、謀財的手段、嫁妝、遺產、交易、銀行、高利貸、篡改遺囑的比重甚至超過了對愛情的描寫。有同事勸德國的工業巨頭雅各布‧福格退出商界，把賺錢的機會留給其他人。他斷然拒絕。他說，在他的末日來臨前，「要盡可能賺錢。」這句很簡單的話在法國居然成了眾人傳誦的名言。連伏爾泰也有人指責他利令智昏，唯利是圖。

伏爾泰確實很有經濟頭腦。他繼承了父親的一筆遺產，又從國王那裡得到一筆兩千法郎的年金。在銀行家巴利斯兄弟的幫助下，伏爾泰把這筆錢全部投資於生意。一七二九年，政府發行了一次計畫不周的彩票，伏爾泰趁機把所有彩票都買了下來，狠狠撈了一票。以後，他又不停地到處投資，購買國家獎券，在普隆比爾礦裡投資，擁有一家造紙廠和一家包裝廠的大量股分，同時還由巴利斯兄弟出面，合夥走私軍火。

伏爾泰一向以為，文人如果沒有獨立的經濟實力，就會失去精神的自由；守著微薄的遺產和靠不住的政府年金，總有一天會坐吃山空。因此只有放下架子，靠自己發財才有出路。在這一點上，伏爾泰又一次顯示出他與盧梭的不同。盧梭把金錢看作是對自由的束縛，斷然地拒絕國王賞給他的一份年金；而伏爾泰卻把金錢當作是自由的前提條件，先積累財富，然後再做學問。

正如我們在上文中所說的，傳統的基督教精神對金錢和財富的鄙視，使法國人把他們內心之中對金錢的欲望壓抑起來。但十六世紀開始的新教運動，或多或少使這種壓抑得到了少許釋放。

馬克斯‧韋伯在他的《新教倫理和資本主義精神》一書中曾詳細論証了作為神學信仰體系的喀爾文新教對資本主義作為一種以理性經營和管理為特徵的經濟組織形式的產生和發展所

發揮的重要影響。儘管韋伯的觀點引起了學術界的爭議，但至少有一點可以肯定：新教的某些觀點和精神，如勤儉、獨立、個人奮鬥、對自己命運的負責、允許有才智的人投身於世俗的追求等等，的確刺激了人們對金錢的渴求。

在法國，人們把這種欲求的勃興同科爾貝爾的名字聯繫在一起。科爾貝爾是路易十四王朝的財政總督。他的一個著名的致富口號是：「國家要強大，首先要富有。」為了使這個簡單的道理對法國人更具誘惑力和說服力，科爾貝爾頗費了一番口舌。他說：「只有黃金和白銀才能給國家帶來富足和各種必需物。哪個國家的國民所開辦的工業吸引的黃金和白銀數量越多，這個國家就越富有。」而「只有當一個國家擁有大量金錢時，才會比其他國家更加偉大和強盛。」因此，「國家要強大，首先要富有。」❻

科爾貝爾的重商主義就是以這樣的理性邏輯推理開始的，而且在制訂整個國家的經濟政策之過程中，科爾貝爾始終遵循著同樣的理性主義精神。研究科爾貝爾的歷史學家布瓦索納德這樣寫道——

> 他以無可匹敵的嚴謹、邏輯和清晰提出了國家干涉主義制度。在他看來，思想是為行動服務的；採取行動前，他總要依據自己的原則，明確行為的動機。他總是首先認真研究，找人磋商，專門立案或建立卷宗。他以黎塞留為榜樣，使行為符合原則和準則。❼

---

❻ 〔法〕雷吉娜·珮爾努；《法國資產階級史》（下冊）。
❼ 〔法〕雷吉娜·佩爾努；《法國資產階級史》（下冊）。

同樣作為人們金錢意識的啟蒙導師，科爾貝爾與美國的富蘭克林卻表現出截然不同的風格。後者用明白無誤的語言赤裸裸地向美國人兜售他的金錢觀，科爾貝爾則注重用推理來闡明他的理論；後者把金錢同個人利益緊密聯繫，因為強調個人至上的美國人對任何與他自己無關的理論都興奮不起來，甚至懶得看上一眼，而法國人的國家觀念卻是根深柢固，國家的富強是維繫法國人強烈民族自豪感的基礎，所以金錢只有和這種自豪感聯繫在一起，才會對法國人產生說服力。

皇帝的新裝

　　人們時常把亞當、夏娃摘下一片樹葉遮住羞處的那一刻當作人類理性羞恥心的開始。是否真的具有如此劃時代的歷史意義？也許未必！一片小小的樹葉並不能遮住羞處；相反，它卻時刻以一種半遮半掩的神祕吸引著人們的注意力。這種明藏暗露就是包裝的智慧。

　　哈爾德‧朱留斯從一九一九年開始出版《小藍皮》叢書，到他一九五一年去世為止，這套叢書換了兩千種不同的書名作為包裝，在全球銷售了五億冊。列奧菲爾‧高蒂埃的小說《金羊毛》乏人問津，他換了個包裝《對漂亮小姐的要求》，年銷售量立即從六百冊上升到五萬冊。雨果在出版商的建議下，把他的劇本《自娛國王》改為《好色國王》，銷量激增四倍。而亞瑟‧舒本浩爾有本通俗性的《爭吵藝術》，怎麼也銷不出去，換上一個學術性的包裝《如何符合邏輯地爭議》，居然連連再版、常常買不到書。

　　包裝的智慧，絕不是拿一張精美的彩紙細心裝飾一番那麼

簡單，它所涉及的是一種心理智慧。無論是雨果的媚俗，還是舒本浩爾的故作高深，都是在把準了讀者的文化心理脈搏之後的巧妙包裝。

世界上第一家咖啡館誕生於巴黎的聖日耳曼街，店主是來自西西里島的普各比奧，所以又叫「普各伯咖啡屋」。普各比奧之所以選擇這個地方開店，就是因為它離文人聚藪的拉丁區很近，而咖啡館的旁邊就是著名的法蘭西喜劇院。

當初，拉‧封丹的許多寓言劇都是在此首演的。普各比奧把拉‧封丹請到咖啡館，由此引來許多騷客文人競相光顧，一睹拉‧封丹之風采。從此以後，每當喜劇院節目彩排或演出前後，普各伯咖啡館總是擠滿演員、作家、詩人和哲學家，他們圍繞一齣戲評頭論足，爭論不休，咖啡館的名氣隨之大增。伏爾泰、盧梭、狄德羅等大家都是這裡的常客。法國革命期間，這裡更是成為革命者聚會、討論和宣傳革命思想的中心。丹東、羅伯斯庇爾和聖鞠斯特都曾把普各伯咖啡館當作革命據點。

名人是最具包裝價值的材料，尤其是在法國這樣一個有著英雄崇拜傳統的國家，名人的廣告價值更是難以估量。里茲公司付了 1% 的報酬，把著名的設計師伊夫‧聖‧洛朗的名字貼在本公司生產的香水瓶上，同樣利用的也是名人的包裝。

但是，還有一種更高級的包裝智慧，它無影無形，卻能使人沈醉其中而茫然無覺──它用清高包裝通俗，用高雅掩飾庸俗，用超越功利的純潔粉飾魑魅魍魎的伎倆。

馬克西姆飯店在巴黎久負盛譽。一八九三年，它的開張為巴黎餐館業的情調藝術賦予了新的理念：紅木桌椅、弓形玻璃、銅質吊燈、異國風韻的玻璃天花板，尤其是午夜十二點後的狂歡舞會，突破了傳統餐館的經營思想。老闆柯努克把食客

們組織起來，玩各種各樣號稱最富於想像力的遊戲，諸如扮演王子、獵人、假面舞會等等。由此，馬克西姆飯店成為巴黎激情浪漫夜生活的代名詞。但二戰之後，馬克西姆飯店的特色逐漸為其他餐館所仿效，漸失其競爭力，經營每況愈下。

　　一九六八年，時裝大師皮爾・卡登出人意料地出資兩千萬美元，買下馬克西姆飯店。當時，飯店每年還虧損近五萬美元，許多人都覺得皮爾・卡登此舉不可思議，但他卻顯得胸有成竹。他花了兩千萬法郎重新裝修了飯店，然後，又先後在新加坡、紐約、里約熱內盧、墨西哥城以及北京開設了分店。在這個章魚式的擴張過程中，皮爾・卡登擺出了一副文化救世主的姿態。他說：「屆時，在人們眼裡，若沒有馬克西姆飯店，巴黎也就不成其為巴黎了。」言下之意，他這樣做是為了重振馬克西姆飯店身上所體現的巴黎情調，使古老的馬克西姆精神重煥青春。

　　言之堂堂，真應該給皮爾・卡登頒授「巴黎榮譽市民」的稱號。但是，當我們透析他那慷慨陳詞，卻發現，皮爾・卡登充其量不過是在設計一套「皇帝的新裝」而已。他的「皇帝」即是錢，他的「新裝」即是其竭力要發揚光大的馬克西姆情調。皮爾・卡登完全清楚「馬克西姆」這個名字在巴黎乃至歐洲的無形魅力。對歐洲人來說，它象徵著巴黎的典雅與激情；對世界來說，它就是典型的法國品味的全權代表。

　　皮爾・卡登僅用了兩千萬法郎的成本就裁出了這件「新裝」，把它套在「皇帝」身上，招搖過市，在世界市場上大行其道。皮爾・卡登推出了五百種和他的時裝王國毫不相干的產品，全部冠以「馬克西姆」的品牌，從香腸、罐頭、煎鍋、蛋匙到巧克力蛋糕、糖果，應有盡有，卡登也因此大獲其利。這件皇帝的新裝比皮爾・卡登所設計的任何一件時裝都要賺錢，

也更有創造力。

皇帝穿上了他以為華麗無比的新裝，得意洋洋；金錢加上了無形的文化包裝，同樣也變得含情脈脈；而一手炮製新裝的皮爾・卡登也因此堂而皇之，很高尚地將大把大把鈔票往腰包裡頭塞。

公証人：夾縫中的生存智慧

在一個對契約關係、法律條文以及公平權利有著濃厚興趣的民族裡，公証人自然是不可缺少的社會角色。

公証人各國都有，但法國的公証人不僅辦理公証，同時還充當收稅官、信用借貸者、教士、糾紛調解員，甚至村長的角色。他們以自己多方面的智慧才能贏得了尊敬。

公証人是法律和正義的化身，他的筆可以簽下一紙婚約，宣告一個家庭的誕生，也可以記錄下一個人臨死前的遺囑。他是投資的保護者、祕密的保守者、商業爭端的仲裁者、財產和資產運轉的仲介者。人們把公証人當作朋友、法官和家庭衛士。巴爾扎克曾經描繪出尊敬和信賴的公証人形象：「如果他沒有一張微圓的臉來顯示自己的沈穩，如果他不向公眾表明自己只不過是一個平凡得不能再平凡的人，如果他本有一副整潔的鋼質假牙，卻故意不戴，如果他企圖暗示自己有點藝術才能，或者表現得反覆無常，一會兒熱情似火，一會兒柔情似水，那這個公証人肯定完蛋。」**❽**

公証人從不擺出一副機關衙門的威嚴，盛氣凌人，儘管他

---

❽　〔英〕西奧多・澤爾丁：《法國一八四八～一九四五》（I）。

通常是代表政府行使職權。他的隨和使他可以和農民、小商人及私營業主打成一片。公証人不是政府公務員，他可以自由支配時間，因而他能夠經常同顧客保持良好的私人關係。同時，一定的文化層次（儘管他們之中絕大多數可能連畢業文憑都沒有）又使他同顧客之間保持著適當的距離，這種距離為公証人隨時調整自己的職責角色提供了足夠的迴旋餘地。

處理商業糾紛時，公証人就是律師，為他的顧客唇槍舌戰，爭得每一分利益；記錄死者遺囑時，他又成了牧師，安慰和滿足死人最後一次對錢的支配欲；調解鄰里糾紛和家庭不和時，他儼然是善斷家務事的清官；而扮演一個兩面油光的稅務官，公証人更是得心應手，他可以一面代表政府或企業機構去向農民收稅，一面卻告訴別人如何巧妙地逃避稅收。

正因為公証人同時扮演了如此眾多的角色，所以他幾乎成了農民生活中不可缺少的一部分。每逢星期天，農民從村子的各個角落聚到鎮上的教堂裡作禮拜，公証人便把辦公桌擺到教堂門口或者集市上，簽訂合同，處理文件協議，回覆農民的詢問，忙得焦頭爛額；實在分不開身，就讓農民拿著空白表格自己去填。這種信任使農民倍感親切。

更令他們感動的是，公証人居然在百忙之中，還不忘同農民拉拉家常：東家女兒是否結婚了？西家的婆媳還吵架嗎？並不時告誡一些「孝順父母」或「父親權威至上」之類的古訓。夕陽西下，忙碌了一天的公証人會接到幾家的盛情邀請，或參加婚禮、或出席宴請、或小酌兩杯。

這簡直就是一幅祥和友好的鄉村田居圖。但是誰也不會想到，在寬容寧靜的背後，其實卻隱藏著一場智慧的鬥爭。

一個公証人抱怨：「農民那無孔不入的精明，巧妙地掩飾於他們表面上的豁達大度和懵然無知之中，使他們在與公証人

的拉鋸戰中總是占盡上風。」

農民與公証人之間，蜜月期一旦有了第三者「錢」的插足，那層溫情脈脈的面紗便蕩然無存，圍繞著一個「錢」字，雙方不宣而戰，迂迴戰術、放煙幕彈、避實就虛、寸土不讓，三十六計的智慧較量始終在啞劇般撲朔迷離之中暗暗進行。

公証人千方百計想從農民那滿嘴謊言中判斷出真實的目的，同時又必須使自己的意圖不輕易為對方識破。在這場戰爭中，鎮上的公証人勝數較大，因為農民必須到他的事務所來談生意，公証人占盡地利之便。而那些遊走於鄉村僻壤的「跑單幫」公証人就要憑自己的智慧和運氣了，畢竟「強龍難壓地頭蛇」，他就像一個孤獨的騎士，單槍匹馬地在農民的地盤裡打一場不流血的戰爭。

如果沒看到農民和公証人之間戰爭的一面，我們就很難理解那些昔日同農民魚水相融的公証人，為什麼會在大革命期間一批批被農民革了命。理由絕非如其頭上那頂「放高利貸」的罪名一樣簡單。裂痕早已產生，仇恨的種子往往是在最和平的環境中種下的。

公証人一腳踏在官場，一腳踏在民間，所以他不僅要和農民鬥智，還要同官僚周旋。單有智慧已不足應付，公証人和官僚之間是一場心理戰。

公証人並不是特別富裕，但整天在官場裡混，和錢打交道，積蓄自然比那些靠薪水吃飯的法官多。據統計，十九世紀五〇年代，一個公証人的淨收入在兩千至三千法郎；而一九一三年，還有一些官僚的年薪在兩千法郎以下，普遍則在五千至三萬之間。考慮到六十多年的累積通貨膨脹率，這收入並不比

六十年前的公証人高。❾更何況公証人個個都是偷稅高手，經常同法律打擦邊球，變著戲法賺錢，惹得法官分外眼紅。官僚們自訓出身貴族，不屑於為錢奔波而辱沒門庭，但妒火中燒的法官實在無法忍受那些出身低微的公証人用大把大把鈔票捐職買爵，便揮起手中最有效的武器——權力。

拿專賣權來說，法庭有權決定把它交給官方或是私人，這時公証人往往分不到一勺羹。忍無可忍的公証人在復辟王朝時期拋出一項協議程序的附加條款，規定專賣權必要時必須交給公証人私人辦理。法庭立即宣布條款無效。於是，一場明爭暗鬥開場了。結果，公証人與政府的關係鬧得很僵，他們的特權地位搖搖欲墜，議會炮製出一個又一個改革議案，要把這些頑固保守的「奧爾良分子」踢出議會大樓《到後來，這些「奧爾良分子」都變成「波拿巴分子」，因為拿破崙大革命後重建了秩序，使那些反對公証人的議案變成一堆廢紙。

公証人是法國社會一個獨具特色的階層，他們憑藉自己多維的角色智慧，遊走於鄉村與城市之間，在政府與農民的夾縫中求生存。但最令人信服的還是當他們把牧師式的道德感性與政府式的管理理性巧妙地融於一身時，所顯示出來的那種靈活機變、實事求是的智慧。他們把牧師的古板說教化為家常寒暄，溫暖親切，易於接受。嚴格的政府法令在公証人手裡，從來都不會一字不動、不折不扣地得到執行；他們總要根據實際情況，因勢變通。也正是這種通達權變的智慧，使他們成為政府與農民之間的關係最成功的代理人。

---

❾ 〔英〕西奧多・澤爾丁：《法國一八四八～一九四五》（I）。

時間・生命・金錢

告訴你一個訣竅：如果你應一個法國朋友的邀請去他家赴宴，用不著準時到達，更不要為了表示禮貌和尊重，提前幾分鐘赴約。否則，當你敲開門，呈現在你面前的將是男主人驚異的目光和女主人尷尬的笑容。然後你就不得不如坐針氈地看著他倆手忙腳亂地收拾房間，準備晚飯。同樣地，如果你邀請一個法國人晚上七點來你家做客，最明智的辦法是在請柬上寫明時間六點半。你別指望他會真的在六點半前來，法國人從來就沒有準時赴會的習慣，他們總是姍姍來遲，然後很誠懇地連聲向你道歉。但可以肯定，下次赴宴，他還是故態復萌，照樣遲到。這並不意味著他對你有什麼成見或不尊重你，這只是法國人固有的時間智慧。

現代計時科技的發展，使人們可以很精確地感知時間的流動。我們發明的原子鐘、天文鐘、錶和日曆隨時都在把時間分割為等量、等值的片斷，而人類則把自我的主體性也分割為同樣的塊狀，塞入那一個個時間片斷。然而，當人們最終不得不按照那一長一短的時針和分針來決定自己的存在時，才悲哀地發現自己已成為時間的奴隸。時間的瞬息流動和不可逆轉是自然界的永恆規律，它不是人的主觀願望所能決定的；但這並不等於——自在的人類只能依附於時間的意志。

「時間就是金錢。」這是工業文明和經濟社會提出的最蠱惑人心的口號。人們對於金錢的欲求，掩飾在他們抓緊時間的勤奮形象之中。雖然表面上看來，人們是被時間的鐐銬鎖住手腳，但真正的悲劇卻是人們不知不覺地迷醉於時間背後的金錢所散發出來的氤氳之氣。

法國人的金錢觀念是比較淡薄的。雖然法郎上的帕斯卡和

孟德斯鳩對每個人都有著一股不可抗拒的迷人魅力，但至少在傳統上，金錢對於法國人來說是可遇不可求的。因此，讓法國人放棄休閑，增加工作時間來賺錢，簡直比登天還難。每年八月，巴黎郊外通往南方海濱城市的高速公路上擠滿了前去渡假的汽車。許多公司的職員寧肯不要幾倍的加班費，也要到南方的避暑勝地療養一個月。大大小小的店鋪紛紛打烊，店老板攜全家人渡假去了。連有些公用事業部門因缺乏人手，也一樣難以維繫正常的運轉。這就是有名的法國「八月病」。法國人放棄了金錢，卻贏得對時間的自由支配權。

「時間就是生命。」這是人類面對時間的轉瞬即逝而無能為力時所發出的哀歎。人們無法阻止太陽神阿波羅的時間馬車每日從東向西掠過天空，更無法使油枯燈乾的生命重新燃起青春之火。但人類的智慧卻可以使他們通過對時間的重新排列組合，相對地延長生命。這在法國，被稱為「搭橋」的智慧。

法國人每年可以享受四十天的帶薪假期和九個節假日，再加上常規的周末兩天休息日，足以使每個法國人都成為天才的「橋樑工程師」。因此，把節假日和休息日搬來挪去，串聯成連續幾天的假期，或者通過置換、輪流休假等等方法，把「小橋」拼成一座「大橋」，然後就可以帶著家人去郊外、去山區自由自在、痛痛快快地逍遙好幾天。一九七五年，總統德斯坦宣布取消五月八日停戰紀念日的節日地位，在法國上下掀起軒然大波，他在民意測驗上的支持率直線下線，最終不得不取消決定。德斯坦要搶走一塊法國人搭橋的橋板，使法國人搭橋的才能無從施展，當然會激起民憤。

俄國歷史學家古列維奇說：「時間的表象是社會意識的基

---

❿ 〔法〕路易·加迪等：《文化與時間》。

本組成部分，它的結構反映出標誌社會和文化進化的韻律和節奏。時間的感覺和知覺方式揭示社會以及組成社會的階級、群體和個人的許多根本趨向。」❿民族個性的差異，在時間觀念上會有著迥乎不同的表現。日本人總在和時間賽跑，恨不能把一分一秒都用來工作，所以他們才會把生產線上的時間標度精確到秒。英國人的時間觀念就像倫敦議會大廈上的那隻大笨鐘，準時且帶有懷舊色彩，他們會像自己的祖輩一樣，在同一個時間，甚至是同一座老房子裡啜一杯午茶。美國人把時間看作是自己的私有財產，就如同他們的私人領地，凜然不可侵犯，他們很少在未事先通知對方的情況下冒然前去拜訪，擾亂別人的時間安排，當然，他們更不希望不速之客登門叨擾，雲裡霧裡閑扯幾個小時。

而時間對於法國人來說，完全是可有可無的東西，他們不願把自己的生活束縛在那刻板的「滴答」聲中，寧願相信自然，相信自我心性對時間的感受。當夕陽餘暉將香榭麗舍大街撒成一地金黃時，他們會悠閑地坐在街旁的咖啡座上，看落日殘霞。此時此刻，就連時間也會在這一片感性氛圍之中變得朦朦朧朧，詩化了許多。

Chapter 6
法國式的言和語

獨具品味的沙龍語境

語境，即言語的環境；它包括語言使用的自然環境、參與的人們以及具體語句的應用。一定的語境會薰染出一定的具有語境本身特徵的語言，而某種語言也必須適合其實際的交際語境。現代語言學的奠基人索緒爾曾說：「一種語言的結構，對於使用這種語言的人來說，本來是不知道的，它是在人們的集體活動中無意識形成的，個人的語言必須服從社會的語言結構，才能使說話人的語言成為社會各成員的語言。」

十八世紀，在羅浮宮旁邊的聖托馬大街上一座豪華公館裡，朗布依埃侯爵夫人在她的臥室裡開闢了世界上第一個沙龍，邀請社會上的一些文學界、藝術圈名流和貴族紳士來隨便聊聊，不經意間為法語創造了一個獨具品味的語境。這種「沙龍語境」對法語的深遠影響恐怕連侯爵夫人和沙龍的客人也沒有料到。

沙龍語境最大的特點就是它的典雅氣質和智慧精神。淡雅的燈光伴著柔和的琴聲，三三兩兩的人群，或坐或站，在觥籌交錯中自由地侃著流行話題，海闊天空，無所不包，從嚴肅的政治動態到高雅的文學戲劇，從世俗的新聞趣事到新潮的時裝髮型，信息和智慧之流在平和的氛圍中緩緩徜徉。「人們談論自己，談論他人；談論枝節小事，雞毛蒜皮；沒有俏皮詼諧，沒有異峰突起，無冷場之狀；充滿信任，輕鬆從容。」❶

朗布依埃侯爵夫人的沙龍一直持續了近三十年，是當時巴

---

❶　〔法〕安德烈・莫洛亞：《藝術與生活——莫洛亞箴言和對話錄》。

黎文人騷客聚藪的勝地。眾多的劇作家、詩人、藝術家和科技界精英都以能擠入這一社交圈為榮，巴爾扎克和莫里哀都曾是這裡的常客。為了最大程度地表現自己的才能，每個人都刻意去追求社交語言的高雅和機智，努力辨別一詞一句所表現的情緒和所包含的意義，仔細體味它們之間的細微差別，以便選擇最確切、最適合自己身分的語言表達形式。

雖然沙龍人才濟濟，但真正的主角只有一位，就是聰慧好客的女主人。她們大都受過良好的教育，談吐不俗，舉止文雅，儀態大方，並且有敏銳的洞察力和通達靈變的社交能力，善於駕馭沙龍的談話氣氛。由於貴婦們不懂拉丁文和其他專門技藝，因此對諱莫如深的學問和職業性的話題都不感興趣，天性的柔情和細膩使她們可以敏感地捕捉到瞬息而過的話語背後那微妙的感情流露，所以女性的情感世界便成為沙龍語境中永遠的話題。安德烈・莫洛亞說：「女人的思路遵循著與瓦斯氣體分子相同的運行規律。她們循著一個初始的方向風風火火而去，直至遇到阻礙而轉朝第二個方向。遇到第二個阻礙後又轉朝第三個方向，循環往復，以至無窮。想與她們選定一個談話題目，簡直是徒勞之舉。唯一的辦法是跟隨著獵物奔跑，捨棄其他一切。」❷輕言細語、圓潤柔和、優美動聽的法語就是在這樣充滿濃厚脂粉氣息的沙龍語境中逐漸薰染出來。

典雅的語言環境、睿智的思想內涵、敏捷的思維反應、細膩的表達方式，使法語成為上流社會的身分和象徵。伴隨著巴黎的時裝、髮型和社交禮儀，法語的魅力征服了整個歐洲。在

---

❷ 〔法〕安德烈・莫洛亞：《藝術與生活——莫洛亞箴言和對話錄》。

英國貴族社交圈裡，如果誰會幾句法語，不少貴婦、小姐就會主動地頻送秋波，因為法語的溫文爾雅很容易使她們聯想起風流倜儻的法國男子。有人要是操一口流利的法語，連保守自大的紳士也會對他刮目相看；即使他「牆上蘆葦，嘴尖皮厚腹中空」，單憑法語中嚴謹的科學邏輯和抽象空泛的談吐，就足以使飽讀詩書的英國紳士瞠目結舌，自愧不如。

沙龍語境是法語的溫床。但溫床過於溫暖，也會滋生出細菌。隨著沙龍文化的日愈沒落和走向矯飾做作，沙龍情境中的法語也日漸纖巧細膩。精雕細琢的語言失卻了它的自然和純真，語境艱澀變成了時髦。很簡單的一句話：「我早晨起不來床。」如果你能把它改為像日本式的徘句：「天亮了。唉，起床該多麼難受！」那麼你還不是個蠢才。聰明的人會稍加點感情色彩，「又一天（但總是毫無變化的一天）破曉了！破我好夢？！起床這個過程多麼痛苦啊！」如果你想有資格跨進沙龍，就得在抽象、具體、邏輯、非邏輯的關係中絞盡腦汁。

標準的沙龍語言應該是：「又一天，也總是相同的（或類似的）一天，我的一天，但也是你的一天，從某種意義上說，就像『普通』老百姓一樣，破曉／制約（我）：（進入了白天）在孩提時，我總愛睡睡懶覺——（謊言還是想像？）白癡，（我的？）母親（媽媽）過去常說，唉！起床這個過程是多麼難受，地獄、恐怖、痛苦、悲哀、煩惱。」

法國人的感性思維由此可見一斑。追求語言的抽象和感情意識的細膩已到了匪夷所思的地步，沙龍文化的最終解體當然在所難免了。

法語的約定俗成

語言不同於文字，它無法創製，而只能通過人們在長期的共同生活和交往中約定俗成。這是人們公認的人類語言最基本的準則。「俗成」體現了語言的習慣性——對語言的符號與意義之間的關係，一種以默契形式體現出來的定向心理聯繫；而「約定」則意味著人為地制定各種成文的語言規範。

世界上任何一種語言都有人為約定的成分和自然俗成的成分。只是兩者所占的比例不同：有的習慣沿襲下來的成分多一些，如各地的方言、未開化的少數民族語言、部落土著的語言等等；而文明國家的語言大都有著自己的規範。但沒有一個國家能像法國那樣熱衷於為語言制定規則，也沒有一個民族能像法國人那樣對語言本身的研究始終給予濃厚的興趣。

法語最早是從拉丁語逐漸演變而來的。一五三九年，法蘭西斯一世頒布法令，規定以巴黎方言為標準法語，並作為書寫文字，應用於公私文件，法語開始朝著規範化和標準化的方向發展。法國人崇尚智慧，喜歡窮盡一切事物的天性大大加快了法語的發展進程。為了適應他們思維和表達的需要，法語嚴格規定了詞在句子中的位置，並用介詞等工具詞表明它們相互之間的關係。嚴謹的分析型法語於焉初具雛形。

隨著理性精神的發展和人類在科學技術上的不斷進步，人類對世界的觀念也由表及裡，由觀象深入本質，思維的抽象性、解析性要求用來表述思維的語言必須嚴謹、規範、統一。

這個過程首先是由「七星詩社」開始的。一五四九年，由杜倍雷執筆《保衛和發揚法蘭西語言》一文，成為七星詩社致

力於規範法語的宣言書。他們提出要改革流行於各地的差異極大的地方語言，統一法蘭西民族語言，反對用拉丁文從事文學創作；他們利用從希臘和拉丁語中假借詞彙、改舊字為新字，吸收方言術語和創造新詞等途徑，增加法語的詞彙量，豐富法語的表現能力。法語的規範化進程開始了，並且一直持續了幾個世紀。

按照維科的說法，語言純粹是習慣造成的，是在作為交際媒介的過程中自然成熟起來的，因此他排除任何人為地制定規範；邏輯是毫無意義的準則，是人們臆造出來的假想，唯一的標準就是語言本身的實際運用。科學的理性精神顯然不能容忍維科的觀點，人們無法想像哥白尼的《天體運行》如果用詩化的語言來描述，將會是什麼樣子，他們當然更不可能用生活化的口語來辯論「一個針尖上站幾個天使」之類的哲學概念。而在法國，語言的規範化則含有更深層的意義——必須摒棄那種與嚴格的君主專制制度、典雅的沙龍氣氛和法國文化大國形象不相適應的粗俗、外來的、雜亂無章的法語。這項工作在路易十四時代黎塞留宰相一手創建的法蘭西學院中得以完成。

從一六三九年到一六九四年，法蘭西學院花了五十五年的時間，精心編纂出一部《學院辭典》，目的是要淨化法國的語言，使之變為純粹的法國語，成為一般民眾都了解的口語。因此，他們開始清除法語中的外國字和由外省貴族帶到宮廷來的外省方言，以巴黎本地的法語為「標準的法語」，並規定了語言的使用規則。法蘭西學院規定，凡《學院辭典》中沒有收錄的詞彙，一律不得在文學作品中使用。直至今日，法蘭西學院還會每隔三個月公布一份注意事項一覽表，防止法語的使用中不斷出現新的謬誤。

一個理性的民族需要有一個界限分明、交際確切的語言，而法語的理性化進程也正是感性的法蘭西民族走上理性道路的過程。但語法規則的嚴謹、語義上的明確並不代表語言操作的絕對清晰。更何況，法國人總是希望自己的語言能夠最大限度地表現自己溫情感性、優雅細膩的一面，因而，法語的理性化進程走到語法、語彙這一步，就在那堵厚實的感性之牆面前裹足不前了。

　　「約定」使法語規則化、明晰化，而「俗成」則為法國人在理性的外衣下表現他們的感性提供了廣潤的創造天地。由此，便形成了法語兼具理性與感性、清晰性與模糊性的特點。

清晰和模糊的悖智

　　如果把人作為象徵符號的動物，那麼語言則是人類創造的最完善的符號體系。話語從本質上來說，是人們利用其中介符號的媒介作用而進行交際的工具。波蘭哲學家沙夫認為：人的交際過程，是人們在行動中，經過符號的中介，傳遞明確的意義而進行交際的。美國社會語言學家海姆斯第一次提出了「交際能力」的概念，它包括兩方面的內容：（一）是語法性，即合乎語法規則；（二）是可接受性，即在文化上的可行性，在情境中的得體性和實現性。

　　從語法性來看，法語無疑是世界上最明晰嚴謹的語言之一；而從可接受性來看，沙龍情境下的法語所具有的抽象性、朦朧美和模糊性也是其他語言所不能比擬的。

　　一六五九年，莫里哀創作的《可笑的女才子》用辛辣的筆

觸描寫了一位富商的女兒從外省來到巴黎不久，就對上流社會的貴族習氣著了迷，以「女才子」自居。為了附庸風雅，她們經常杜撰一些繁瑣的名詞，企圖藉此在巴黎社交界揚名。如她們把聽差稱為「少不得」，把鏡子稱為「美之顧問」，把椅子稱為「說話之利器」等等。就連端把椅子請別人坐，也要拐彎抹角地說成是「這張椅子朝你伸胳膊……就滿足一下它想要吻你抱你的願望吧！」

其實，從語言的模糊學角度來說，這位「女才子」倒是真有點智慧；只不過她過於急功近利地想鑽入上流社會，因此才顯得矯揉造作、滑稽可笑。

一方面，人們通過語言來進行交際的過程是信息傳遞的過程，每個人都希望自己的語言能夠為他人所理解和接受；沙龍語境下的法語更是一種智慧交流的媒介；要想使自己的觀點具有說服力，就必須用清晰明確的話語表達出來。但另一方面，人們又必須注意如何維持交際過程的順利進行，著眼於人們通過語言所形成的關係。

行為心理學的研究表明，人與人之間交談時有一個大致的安全距離；也就是說，每個人都有自己的私人領域意識，保持這塊領地的不受侵犯是人潛意識中的一種本能。言語中同樣地涉及到談話者的心理安全區域。

對語言的模糊也就意味著心理安全區域的模糊；既然模糊，也就沒有明確的界線，因此區域可大可小，根據不同的談話對象任意調節：感興趣的話題可以縮小防範區域，語言的模糊度也就隨之降低；話不投機時，這個區域自然會擴大，戒備心增強，人也就不由自主地使自己的語言變得模稜兩可。

模糊的語言避免了人們在交際中的直接衝突與激烈對抗。作家佛朗華一次在沙龍裡碰到一位醜陋不堪的貴婦。為了避免大家難堪，佛朗華很溫和地對她說：「所有的女人都是天上掉下來的天使，但是有些天使掉下來時，不幸是鼻子先落地！夫人，這不是你的責任！」

隨著沙龍的普及，沙龍的交際功能被大大強化，沙龍語境下的法語也就越來越模糊。為了迎合交往的需要，曾有兩位作家比爾尼埃和朗博編寫了一本會話手冊，專門教那些上層人士如何說話才顯得有教養，大為暢銷。他們的原則是：話要說得越玄妙越好，詞要用得越精深越好，儘量把要表達的思想「縮合」為一種模糊而含蓄的形式，要學會把毫不相干的詞，包括縮略詞、雙關語和任何自己杜撰的新詞，巧妙地鞣合起來；當然，還要注意標點符號，否則會把句子拆得自己都不知所云。

外交語言一方面要求嚴謹準確，一字一句的誤差都可能導致兩國之間兵刃互見；另一方面又要留有迴旋餘地，不能把話說死。而沙龍語境下的法語奇妙地鞣合了理性的清晰、明確、嚴謹和感性的典雅、細膩、模糊。這種多面的智慧特質使其在外交界如魚得水。因此在相當長的一段時間裡，無論是國際法、國際公約，或是兩國之間簽署的重要條約、合同以及大量歷史性文件等均用法語撰寫。

語言智慧背後的法國人

美國語言學家薩皮爾和沃爾夫曾經提出一個經典性的語言學假說：一種語言並不單是一個把我們的想法和需求變成聲音

的譯碼程序；相反，語言是一種成形的動力，它通過提供表達的習慣用法，預先安排好人們以某種方法觀察世界，因而引導人們的思想和行為。

相反的意見則認為：語言反映文化現實，當文化現實發生變化時，語言也會發生變化。

語言與文化社會現實的作用很有可能是相互的，無論人們強調哪一方面的作用，有一點可以確定：語言與文化確實存在著密不可分的互動關係，人類的語言運用在一定程度上塑造人類的文化面貌，而文化方式也影響和制約著人的語言運用。

正如我們在前文中所看到的那樣，法國人對語言的嗜好簡直到了走火入魔的地步，在他們的嘴裡，法語的清晰性和模糊性巧妙地融為一體；尤其是在沙龍語境的作用下，人們一方面刻意追求表達的清晰準確，另一方面又在交際語境迫使下極盡模糊含蓄之能事，以致最終流於晦澀艱深和矯揉造作。

從現代語言學的開山鼻祖索緒爾到列維・斯特勞斯的結構主義語言學，直至戰後興起的闡釋學「文本分析」、艾科的「代碼解讀」和德里達的解構論，法國人孜孜不倦地用他們的抽象智慧來窮盡語言的奧祕。幾代人的努力使法國成為世界語言分析學的殿堂；尤其是他們在戰後引發的對話語結構和意義價值的探討，不僅是對法語，而且對於整個人類語言的存在與發展都是一種挑戰。

法國人對於自己語言的重視——是與強烈的民族自尊感聯繫在一起的。

阿爾方斯・都德的《最後一課》中描寫了一位有著崇高民族自尊的法文老師，在面臨普魯士鐵蹄踐踏和文化毀滅的最後關頭，語重心長地告誡他的學生一定要學好法語，因為「法語

是世界上最優美的語言」。他堅信，法語是偉大的法蘭西民族維護他們獨特的個性的最後一道防線，只要這道防線不被普魯士攻破，法國人就永遠是法國人。

所以有人戲謔道：如果強迫法國人一層層剝掉那些標誌著他們民族特性的外衣，最後剩下的一層肯定就是他們的語言。正因為如此，法國政府每年花費其外交預算中的半數來使法語在以前的殖民地和其他國家長期通用。加拿大魁北克省的法語勢力與英語勢力的對抗之激烈，已經到了鬧獨立的地步。

從符號學角度來研究語言，語境主要是指對話語境。對話語境又可分為語言的會話含義和非語言的會話含義。

人的言語是一種生命活動，除了語詞作為信息和意義的載體，構成語言交流的主要通道以外，其他各種外化的生命活動，如音調、手勢、身體活動等，也都參與到對話中來，構成非語言的會話含義。透過語言的這種非語言的會話含義，可以看出一個民族的精神內蘊和文化外貌。

正是在這個意義上，索緒爾認為，分析語言就是分析社會現象，就是研究物質的東西所起的社會作用。「語言不是由物質構成的，而僅僅是由生理的、心理的和精神的活動所構成的。」

法語是法國民族的精神內核，通過法語的會話含義，可以看到法國人精於抽象思維、想像力豐富、做事嚴謹認真又不失靈活機智、既活潑優美又典雅細膩等等多向度的法國形象；同時，透過法語的非會話含義，法國人的民族性格也幾近可以一覽無餘。

巴黎地區浪漫的文化氣息和君臨天下的氣度，使其周圍的

法語成為標準的法語通行全國，並使法語形成了圓潤柔和、韻味十足的特點。它那輕快的節律猶如兒歌的曲調。從這點來說，法語完全可以稱得上是「世界上最優美的語言」。

法語的語速很快，加上法國人重讀每一個音節，沒有重拍，因此聽法國人談話，往往會覺得他們缺少耐心，爭先恐後地像開機關槍。當一群法國人進行交談時，經常會出現幾組對話同時交錯進行，互不干擾的奇怪景觀，所以給許多外國人造成一種印象：看起來每個法國人穿著雅致，舉止不俗，但一旦說起話來，那種高雅氣質便蕩然無存。再加上法國人愛好手勢，談到高潮時便得意忘形，手舞足蹈，一副大大咧咧、滿不在乎的樣子，更給人一種鄉巴佬的感覺。

法國人對辯術的執迷不悔是世界聞名的，他們把羅馬帝國貴族學者的思辨能力、詭辯術、演講術全部繼承下來。法國電視二台有一個《書評》的專欄節目，收視率很高，每周五晚上黃金時段播出，長達九十分鐘，中間不插其他節目也不播音樂，全部由主持人與被評書的作者或讀者論辯評述，語鋒機智幽默，褒貶不一。許多作家都以能在電視上與主持人一展辯才為榮。國立行政學院的畢業口試是口述十分鐘，考官看著桌上的秒錶，學生的表述不得差一秒鐘，同時還要在說話技巧上、用詞上標新創意。這種場面常常令旁聽的外國觀察家雲裡霧裡，不知所云。

語言是心智的反映，一個思維僵化、行動保守、民風粗俗的民族絕對不可能產生像法語這樣有著高度智慧的語言。

言語刺激下的宗教狂熱

宗教竭力把自己打扮成一位理性的智者形象，凝重的教堂、完整的教義、嚴謹的教規、克勤克儉的教士，都在向人們展示上帝是世間唯一合理的理性存在。就連對教會大加鞭撻的伏爾泰也時常為理性創世主的神祕與奇妙所迷惑，宣揚上帝賦予的存在規律是不可動搖的。

經院哲家學更是不遺餘力地用理性來粉飾對上帝的信仰。托馬斯‧阿奎那就因為在理性與信仰之間所作天衣無縫的嫁接，而被教會封為聖徒和「天使博士」，他的宗教思想也被教皇利奧十三定為天主教的官方哲學。

但是，如果上帝願意來世間走一走，親自體察一下他的孝子賢孫們的所做所為，他肯定會為自己頭上那圈理性的光環而感到羞愧不已；隨即，他便會產生一種被狡猾的人類涮了一回的感覺——他們如此賣力地用理性打扮自己，實則不過是為了使他們的種種非理性的瘋狂與糜爛行為顯得冠冕堂皇而已。

「青山留不住，畢竟東流去。」無論理性多麼合情合理，但加在宗教的感性信仰之上，只能是薄紙一張。外力稍微作用，就會捅破，隨之而來的便是一發不可收拾的宗教癲狂與癡迷。一張嘴就足以使法國人獨步天下，而法國人的口唇欲望既強烈又敏感，無人能與之匹敵。一個熱吻，能攬芳心入懷；一個飛吻，能三月不知肉味；而一番激情的話語，所引出的爆發力，連說話者本人也覺得不可思議。

一○九五年，教皇烏爾班二世來到法國的克萊芒，慷慨激昂地發表了一番法國式的演講。他說——

　　啊！法蘭克人，你們是上帝揀選寵愛的種族；你們曾

埡越崇山峻嶺，建立起上帝所悅納的國家；又加上聖教會的信仰，使你們能光照四方……，耶路撒冷是世界的中心，土地肥沃，如同天堂，它等著你們去拯救。你們蒙上帝賜給強大的威力，所以要毫不遲疑地前往。這樣不僅罪得赦免，而且將得到天國永不朽壞的榮耀。❸

精明的烏爾班二世很善於「師夷之長技以制夷」，他完全清楚法國人對話語力量的迷信，同時更摸準了他們的脾性，對症下藥。教皇深諳法國人恥言「金錢」，骨子裡卻又迷戀金錢的本性，所以，在他的演講中，絲毫不提錢、不言利。然而，說者有心，聽者有意。誰都知道，「土地肥沃，如同天堂」的東方世界所蘊藏的是什麼：土地、財富，還有女人。三者加起來就足以使任何一個理性的法國人為之血脈賁張。更令法國人感到親切的是，教皇搬出來頂頂堂而皇之的高帽，戴在他們的頭上：選族、拯救、榮耀，好大喜功的法國人自然聽得滿心歡喜，心服口服。

正是在這種投其所好的話語煽動下，農民、騎士、修士，乃至封建主，立即群情激奮，許多人當即在衣服上縫上紅十字，高喊著「這是上帝所願」，殺向君士坦丁堡；有的甚至不惜變賣了所有家產，攜家帶口，坐著牛車，去解放他們的「聖地」。當他們最後倒在塞爾柱土耳其人的刀劍之下時，儘管連聖地的影子也沒有看見，但心中依存的仍是法國的光榮、拯救的榮耀。

法國人的理性軀殼竟然脆至於斯，幾句話就能使之為其信仰而赴湯蹈火，那麼行動的號召力就更不是理性所能抵擋的

---

❸　張綏：《基督教會史》。

了；「牽一髮而動全身」，整個法國就像一頭巨大的感性動物，一根神經受到刺激，整個身心都能感受到。

十五世紀中葉開始，法國的天主教徒與新教徒之間的宗教戰火就一直連綿不斷。一五七二年八月二十二日，大批新教貴族聚集羅浮宮，參加新教領袖那瓦爾王子亨利與公主瑪格麗特的婚禮。天主教徒悄然行動，在傳統的聖巴托羅繆節之夜，血洗了全巴黎的新教徒。瘋狂的屠殺很快波及到外省：奧爾良、里昂、圖盧茲和波爾多，新教徒血流成河，有兩萬名新教徒死在天主教徒乃至不明真相卻也乘機發洩的農民的屠刀之下。

一位狂熱的耶穌會教徒瑪利亞納這樣描繪這場慘劇：有些人是奉了王命殺戮的；大多數是百姓宰掉的。有的殺死，有的殺傷致死。絕大多數是些毫不相干的人死於非命。每逢百姓造起反來，這種事情是屢見不鮮的。

「聖巴托羅繆之夜」記下了法國人最感性、最殘酷的一頁。那些冤死的新教徒無論是升入天堂，還是落入地獄，他們那驚恐、悲憤、迷惑的眼神，永遠在嘲笑著上帝的理性光環。在他們四溢的鮮血前面，那光環顯得如此滑稽、怪異、暗淡。

Chapter 7
法國式的文和藝

法國人的「大國病」

　　一七五七年，伏爾泰出版了《論世界各國的風俗與精神》。這是學術界一致公認的近代意義上第一部真正的世界史著作。伏爾泰把他的視野從法蘭西，從歐羅巴擴展到整個世界，異域的風俗民情在伏爾泰的筆下第一次深刻地展現在法國人面前。然而，這樣一部劃時代的傑作，卻使國王路易十五龍顏大怒，他恨恨地說：「那個敢於認為自己首先是人，其次才是法國人的傢伙，再也不准踏上法國的土地。」

　　伏爾泰只好逃到靠近瑞士邊境的一個小鎮費爾奈，過了二十年隱居生活，成為遠近聞名的「費爾奈教長」。

　　大國沙文主義歷來就是法國人的民族病，而法國也確實有值得她的人民驕傲的地方。從輝煌的路易十四時代到顯赫一時的拿破崙帝國，從聖・朗洛時裝到雅愛芬迪香水，使法國人儼然以「歐洲火車頭」自居。據說有一次，電視台開了個玩笑，用地圖冊上的分圖來標明法國的地理位置。觀眾們大吃一驚，紛紛打電話責問為什麼不把法國置於世界的中心。值得慶幸的是，法國人的這種妄自尊大並未導致文化上的閉關自守，相反，對於外來文化，法國人顯示出兼容並蓄的大度精神。法國悠久的歷史傳統和恢宏大方的氣度，給予法國人強烈的自信心。他們堅信，任何外族的文化在法國文化面前都不值一提，其影響更微乎其微，最終的結果只能是融入偉大的法蘭西文化。所以，他們無法相信這世界還有比羅浮宮、凡爾賽宮更壯美的智慧奇跡。當年，拿破崙的軍隊在埃及攻城掠地，一直打到金字塔下。

　　當他們面對神祕的獅身人面像時，士兵們驚呆了，連武器掉在地上也未發覺。這麼完美的藝術珍品怎麼可能存在於法蘭

西國土之外？為了找回心理平衡，拿破崙下令盡可能搜羅這些藝術品，幾噸重的石塊浮雕被切割後用船運回巴黎。如今，這些文明瑰寶靜靜地躺在羅浮宮的玻璃展櫃裡，厚重的軀體上依稀還可以看見尼羅河沃土的滄桑印痕。然而，法國人並不以這些文物是搶來的而有絲毫愧疚和羞恥，他們內心裡早已把這些戰利品融入法國文明的歷史沈積。

巴黎西北部的蒙馬特區有「不夜城」之稱，無數夜總會、脫衣舞場、酒吧星羅棋布，一片燈紅酒綠；但有一幢破敗不堪、模樣古怪的房子卻被載入了現代美術史冊。木結構建築，陰暗潮濕，又無衛生設備，後面有一溜高高低低的畫室。這所被詩人馬克斯‧雅各布戲稱為「洗衣船」的房子曾是藝術家風雲際會的中心，一大批來自異國他鄉的畫家，如畢加索、布拉克、莫迪利亞尼、蒙德里安、夏加爾等等，都曾寄棲於此。我們不清楚全巴黎有多少這樣的「洗衣船」，但巴黎以她特有的藝術情調、自由的創作空氣，吸收了大量才華橫溢的藝術家、文人，卻是一個不爭的事實。

法國人一直在做著政治大國的美夢。為此，他們容忍各種各樣的社會思潮把法國當作試驗場和輿論陣地，為那些被別國通緝的政治犯、廢黜君主、流亡政治家以及戰爭難民提供政治避難，以顯示自己的博大寬容。然而，事實証明這些努力都只不過是在維繫著一場不可能成真的夢，法國人再也無法重抖昔日拿破崙帝國的威風。

「有心栽花花不開，無心插柳柳成蔭。」法國人並未夢想做一個文化大國，對於外來文化，他們向來不甚關心；許多世界著名作家的名著要等候多時才能被譯成法文本。正是這種自由放任的「無為」態度使巴黎無意間成為藝術家的殿堂，成為世界上最前衛、最具探索精神的藝術智囊。

隨著政治大國夢幻的破滅，法國人一覺醒來，發現自己已不再擁有過去的那份自信和從容大度。看著巴黎眼花撩亂的外來文化，法國人開始暗暗發慌，他們越來越擔心法國文化會淹沒在黃色文化、黑色文化以及被視為最庸俗的美國文化的洪流之中。

　　人稱「美國唯一重量級對手」的法國電影，在生產數量上僅次於美國，然而卻只占領了其國內市場的 35%，國外的觀眾也不過十萬。性感的莎朗‧史東，憑她肉感的「本能」，使自命浪漫的法國女郎也甘拜下風；史蒂芬‧史匹伯把他的恐龍從侏羅紀公園趕到法國，橫掃巴黎四百五十家影院。總理巴拉杜一再慷慨陳詞，號召法國人像昔日抵抗歐洲同盟一樣，抵禦美國佬的文化侵略。

　　一九九三年十二月，在關貿總協定烏拉圭回合談判的最後關鍵時刻，法國人從背後踹了山姆大叔一腳。法國《世界日報》聯合德國的《法蘭克福論壇報》，同時以全版的篇幅刊登了一份由全歐洲四千四百位著名導演、演員和文化人聯合簽署的「文化例外」請願書，抗議關貿總協定將電影、電視等列為貿易產品。他們的觀點是：電影不同於鋼板、乳酪，它是藝術，具有和書籍、雕塑一樣儲存集體記憶，創造認同感的功能，因此應該以獎金、補助金、貸款優惠等方式扶持和保護。「文化產品和其他產品不同，它表現出一個民族的特性。在討論配額問題時，必須考慮這點。」美國人不敢讓十幾年辛苦談判的烏拉圭回合毀在自己手上，只得勉強同意，把視聽媒介排除在貿易產品之外。這就意味著，今後法國人可以光明正大地設置壁壘，限制美國視聽文化產品的湧入，而不必擔心美國人的貿易報復了。

　　難怪，上至總理巴拉杜，下至一般圈內人士都頓感信心倍

增。文化部長雅克・朗親自批准撥款兩千萬法郎，要在不久的將來，使法國的影視產品殺進好萊塢。

法國人又開始激動了！他們似乎忘了自己剛說的，電影不是產品，是藝術。文化畢竟不是飛機、大炮，可以任人擺布，指哪打哪，儘管它潛在的殺傷力遠遠超過當今任何一種現代化武器。更何況，只憑兩千萬法郎就想買一張進入好萊塢的門票，談何容易。

自然的理性摹擬

智慧的人們最初是在對自然萬物的觀察中發現理性的。在人們理性的眼光下，大自然的神祕色彩逐漸變得暗淡，而那種和諧完美的規律和秩序卻始終激揚著人類無限的敬意和憧憬。盧梭感歎道：「大自然在我眼前展開一幅永遠清新的華麗圖景……我的心靈迷失在大千世界裡。我停止思維，我停止冥想，我停止哲學的推理，我的心靈所沈涵的這種出神入化的佳境使我在亢奮激動中有時高聲呼喚：『啊，偉大的上帝呀！』但除此之外，我不能講出也不能思考任何別的東西。」

人，在自然面前只不過是滄海一粟！當一個孤獨的身影佇立在那種寧靜幽遠之中，他恨不能把自己整個身心都融入山林湖泊、星空大地。遺憾的是，社會的發展、文明的進步，可憐的人們卻不得不困坐於自己構築的鋼筋森林裡，無可奈何地把自己融入同樣可憐的人群。因此，一旦人們發現宇宙自然的偉大原來只不過是源於「規律」二字，他們便迫不及待地要在自己周圍，在那些由可憐的人類所組成的社會裡摹擬自然的這種規律，再造一個同自然一樣和諧規則的社會。這就是理性社

・羅浮宮（金字塔是由華人貝聿銘設計的）

會。理性社會是人們內心理性的外在衍生，是依照自然科學模式構築的一個「人化」的自然。

羅浮宮，從一五四六年弗朗索瓦一世下令修建到一八五七年拿破崙三世全部竣工，三百年風風雨雨使其孕育成熟。它最完美地體現了法國人對自然規則的理性化摹擬：用明確的軸線體現對稱與平衡。整座建築完全按照嚴謹的數學和幾何比例設計，中央是正方形，兩端突出部分是柱廊寬度的二分之一，雙柱中距是柱高的二分之一，基柱高度是窗高的三分之一。

凡爾賽宮，建築面積加上園林面積有一百一十一萬平方米。但如果從高空鳥瞰這座龐然大物，你會發現它竟然規矩端莊得像個閨房中的淑女。正宮、南宮與北宮組成對稱的幾何圖

· 凡爾賽宮

案，筆直的大道從正宮放射出去，與環道構成井然有序的條塊分割。

更令人歎為觀止的是整個古老的巴黎西區也是按照同樣的幾何規則設計的，全然沒有中世紀其他城市那樣七扭八拐的羊腸小巷。沿香榭麗舍田園大道向西直達凱旋門，旁邊是著名的戴高樂廣場，廣場四周十二條大街呈輻射狀向四周伸展開去。

這些由中心星形發散的設計，不僅象徵了「普天之下，莫非王土」的君主中心文化，更是法國古典主義時代自然理性精神最形象的闡釋。帕斯卡曾說：「我們認為，違反宇宙，就是違反自然。無論何事，凡是不遵循自然者皆不存在。讓天經地義和自然的理性驅散我們頭腦中的謬誤和異想天開的奇事。」

所以，法國人才會兢兢業業地把這種「自然的理性」搬到羅浮宮和凡爾賽宮，複製於城市道路，並慢慢融於整個民族的思維性格之中。

起源於義大利的巴洛克藝術，強烈體現了地中海民族熱情奔放的天性，或渲染一種驚濤拍岸的雄壯氣勢，或充滿浪花般的活潑動態，或造成一種風雨欲來的緊張氣氛。就是這樣一種感性十足的巴洛克藝術，傳到法國，卻被路易十三塞入他理性的大腦，改造成古典主義的「王室官方風格」。一六四八年，路易十三親自創立法國皇家繪畫雕塑學院，來實踐他理性主義的巴洛克藝術。普桑雖然不是學院派的宮廷畫師，但他的畫風卻與路易十三的古典風味不謀而合，於是被召進宮廷，為楓丹白露宮作畫。

人稱尼古拉‧普桑（1594-1665）的繪畫是「思」的繪畫。他總是在思索，在觀察，連走在街上也要不失時機地觀察人們行動的各種細節。他曾說：「有兩種觀察事物的方法：一種是簡單地注視著它，而另一種卻是專注地觀察它。」普桑把後一種稱為「理性的方法」，因為它觀察的不是事物的外貌，而是其中的規律和精神。這是一種自然的、非人性的理性精神。因此普桑的繪畫在講求畫面完整、構圖統一、人物運動的節奏感和雕刻般的形體美的同時，努力追求一種永恆、和諧、合乎邏輯、寧靜的藝術；他絕對不會讓自己的感情影響畫筆，也絕對不會讓他畫中的人物為感情所俘虜。

人畢竟不是花草樹木，他永遠是有感情的動物，但普桑和他的弟子卻始終緊握他們的理性畫筆，巋然不動。為了他們的信仰，一六七一年，普桑主義者同魯本斯主義者發生爭執，把法國皇家繪畫雕塑學院鬧得天翻地覆。後者認為，繪畫的目的在於創造性地模擬生活或自然界，並通過運用色彩來達到視覺

的效果。而普桑主義者卻把繪畫當作是對現實的真實摹寫，不應摻入任何個人的主觀創造，因此他們特別推崇素描，並且把柏拉圖搬出來，因為柏拉圖曾主張，存在於心目中的想像物是可以通過合理選擇自然界各種美的東西來恢復其具體形象的。這場爭論持續了一年之久，最後不得不由院長出來打圓場：色彩是起滿足眼睛的作用，而素描則起滿足意識的作用。

實際上，純粹理性地素描自然是不可能的，連帕斯卡本人後來也對他極力推崇的自然理性產生了疑問：「自然有許多完美無缺的東西，表明她是上帝的意象；也有許多缺陷，表明她不過是上帝的意象。」關鍵在於我們思維的理性能否捨其缺陷，取其完美。

法國人不僅創造了理性主義的智慧典範——羅浮宮、凡爾賽宮乃至巴黎城，而且更進一步把這種自然理性提煉為一種民族的精神理性。這種理性有別於德意志民族發軔於邏輯的科學理性。或許是自然的光影變幻和靈氣使它具有德國理性主義所缺乏的審美性和柔韌性，就如同用一架古老的電唱機去聽LP版的貝氏《命運》，與 CD 版相比，少了些硬朗，多了點溫暖，儘管內容並無二致。

巴黎聖母院：音樂的凝固

人們常說：「建築是凝固的音樂。」因為建築用她豐富的體態語言理性地再現了音樂的感性美。但如果我們反過來看；「建築是音樂的凝固。」則是另一番天地：建築其實是應用最理性的技術手段來凝固感性，人們所有的情感和想像力都被建築師用石塊和混凝土固定起來，以服務於建築的實用功能。這

其實也就是建築的一個久遠的悖論——如何在感性的音樂似的表現力同理性的不具絲毫人情意味的方磚、石塊之間，尋求一個理性與感性的最佳契合點。哥特建築即是法國人最早的成功嘗試。

十三世紀是法國人的想像力和理性精神同時甦醒的時代，也是以哥特式教堂建築為代表的哥特藝術全面輝煌的時期，它最大限度地利用了尖拱門窗和交叉肋拱穹窿，創造出具備上伸空間和廣潤開口部的獨特建築空間。這是一個視覺、幻覺和思維想像暢流無阻的空間；羅馬式建築那厚重墩實的牆壁消失了，代之以複雜的柱、樑和拱壁支撐的輕型化上部構造。置身其中，人的靈魂會不由自主地向上升騰。

哥特式建築藝術綜合了神祕主義和自然主義，為人們提供了廣潤自由的想像空間。它完全拋棄了那種直角和折線乾澀的彎曲，而代之以直升的線條，高聳的塔樓及環繞四周的小尖塔，飛升的尖拱直刺渺遠的冥世天際，使整個建築呈現輕盈飛騰之勢，表現出一種垂直上升的動感；人的感覺也就在上升之中，突破了厚重的理性桎梏。

哥特式教堂是屬於自然的，無論從外還是在內，人們都可以感覺到自然的光影變幻。鏤空的設計、巨大的花格窗，把風和陽光帶進這冥思的理念世界，驅散了宗教情感上的壓抑和神祕，整個心靈完全是在親切自然、和諧的狀態下同上帝對話溝通；陽光經過彩色鑲嵌玻璃窗的折射中和而變得五彩斑斕，人們的整個身心都彷彿融入陽光，融入自然的關懷與愛；祥和溫暖的感覺，融化了基督頭上的光環，聖母的臉上漾起慈祥的微笑：宗教不再是一種高不可攀的神祕體驗。與羅馬式建築的莊重、內斂、沈穩的藝術氣氛迥乎不同的是哥特式建築的開放、擴張、輕巧，雖然她渲染的仍是莊嚴肅穆的宗教情感，但手法

· 巴黎聖母院

卻是一種溫情脈脈的感性智慧，景仰中滲透柔情，秩序中追求創新，強調其造型的同時又不失抽象。

　　完成於一三四五年的巴黎聖母院是當之無愧的哥特之精靈。它完美地再現了哥特式風格所追求的幾何原則和比例的統一；同時，它又是人們情感的形象化語言。建築師以法國人特有的藝術視角和想像力，為我們創造出一個窈窕淑女的形象：她身材勻稱、比例協調、體態輕盈，虔誠地舉臂向天，滿懷希冀與渴望；她身上的每段線條、每點鏤空、每件雕刻、每個裝飾都散發著少女般的柔情。維克多·雨果細緻地描繪了這種感覺！

這一切，既是先後地，又是同時地，成群而不紊亂地盡現眼前，連同無數浮雕、雕塑、鏤鑿細部，任勁地結合為肅穆安詳的整體，簡直是石製的波瀾壯潤的交響樂，人和一個民族的巨型傑作，其整體既複雜而又統一……它的每一塊石頭上都可以看見千姿百態實現著向藝術天才所訓練的工匠之奇想。總之，是人的創造，它雄渾而富饒，一如神的創造；它似乎從神的創造中竊得雙重特徵：既千變萬化，又永恆如一。❶

法國的哥特建築藝術在創造性開拓了宗教藝術抒情時代的同時，依然融入了法國人那種特有的分寸感、適應性以及對比例和秩序的崇尚。她的美是一種古典的平衡美，是井然有序的秩序美。（編按·巴黎聖母院於 2019 年 4 月 15 日下午六點三十分不幸發生大火，燒毀了閣樓尖頂及中後部分，數百名消防費員忙碌整晚，直到第二天黎明才撲滅。法國總統馬克宏宣布重建損毀的地方，專家預估經費可能超過 10 億歐元，時間可能需要 20 年以上。）

古典與浪漫交割的智慧

一八二五年二月二十五日，巴黎法蘭西劇院，一群蓄著長髮、身著奇裝異服的青年蜂擁而入。而在劇院的樓座和包廂裡，衣冠楚楚的紳士和珠光寶氣的貴婦正襟危坐。那些青年人與其說是來欣賞維克多·雨果的新劇《歐那尼》首演，倒不如

---

❶　雨果：《巴黎聖母院》。

說是為了他們的信仰來參加一場戰鬥的。

戲一開始，青年們便掏出香腸、麵包、啤酒，一面大吃大嚼，一面為每一句台詞歡呼鼓掌。第二幕開場了，紳士、太太們開始反攻。他們鼓倒掌，喝倒彩，發出各種噓聲，用惡毒的語言嘲笑雨果的庸俗無知。

一場浪漫主義與古典主義、感性與理性的鬥爭序幕就這樣被大文豪維克多‧雨果戲劇性地拉開了。

表面上看，兩者只是一種形式上的對抗。古典主義是支持歐洲理性精神大廈的基石，秩序、規律、節制、和諧、平穩是它的信條，因此它要求戲劇必須嚴格遵循「三一律」，即舞台故事的全部活動必須限制在二十四小時之內，並且要發生在同一地方，同時劇中所描述的故事情節要按一條主線進行。

而雨果卻使《歐那尼》的場景跨越了半個歐洲──從西班牙到德國，在布景設計上也追求一種新奇的視覺效果。難怪那些貴族會對這種離經叛道的手法噓聲不已。同時，對於那些習慣了古典主義典雅精妙的上流社會來說，《歐那尼》的台詞簡直粗俗到不堪入耳的地步。舞台上，國王問：「什麼時候了？」侍者回答說：「是半夜。」兩句話使包廂裡的紳士們一片嘩然。他們從來沒聽過如此直露愚蠢的對答。按他們的理解，侍者應該回答：「陛下，在住宅的高處，時鐘正打了十二下。」

對於這些所謂粗俗不堪的台詞，紳士們還只是感到一種憤怒；但透過台詞，紳士們體會到的卻是一種舊有觀念和傳統價值失落後的恐慌。隨著《歐那尼》一天天上演，觀眾的喝采聲、歡呼聲越來越響，昔日托庇貴族的那個熟悉的理性天幕正被雨果一點點無情地揭去，展示出來的是一個個豐富多采的人性世界──

「一個複雜、成分不同、多樣化的個體，充滿矛盾，混雜著善與惡，兼有天才和渺小。」（雨果語）而這正是紳士們所不願面對的。雨果告訴人們，人如同自然萬物，並非都那麼崇高優美，他不是人工精心修飾的凡爾賽皇家花園，而是自然天成的原始森林。「醜就在美的旁邊，畸形靠近著優美，粗俗藏在崇高的背後，惡與善並在，黑暗與光明相共。」而理性主義把世間萬物，包括人自身，卻構想成天堂般完美無缺，然後心滿意足地沈浸於這種虛幻的美好之中。雨果當頭棒喝，驚醒了他們的美夢：「把肉體賦予靈魂！把獸性賦予靈智！」因為靈魂不能脫離肉體，智慧的理性無法擺脫獸性。

理性秩序下的人們總有一個上帝，無論是精神的，還是世俗的，他是維繫正常生活的權威，人們崇拜他，敬仰他，在頂禮膜拜、歌功頌德中把他們幻成完美無缺的化身。安格爾的《路易十三的宣誓》就向人們展現了這個上帝的兩個權威化身——一個是端坐在聖壇上的聖母（宗教權威），一個是跪在地上的路易十三（世俗權威），而那作為權力象徵的王冠和王笏則使人不由得頓生敬意。聖母、天使和國王，傳統的三角形構圖是那麼和諧，而王冠與王笏則正好處於三角的中心，成為人們視線的焦點。

安格爾的用心昭然若示。有著「浪漫主義獅子」之稱的德拉克洛瓦與安格爾誓不兩立，他要把人們從《理性十三的宣誓》感染到對權威的迷幻狀態中拉回到真正的現實。於是，一幅名為《希阿島的屠殺》的浪漫主義繪畫傑作便與安格爾的《路易十三的宣誓》出現在同一沙龍裡展出。人們從這兩幅畫中感受到的是兩種截然不同的情緒對比和審美衝突。

德拉克洛瓦用他激情的畫筆描繪出理性權威的另一面——暴力與壓榨。在土耳其士兵的槍口下，手無寸鐵的希臘人民流

露出來的痛苦、驚恐、悲傷、絕望和憤怒便是對這種理性的血淚控訴。生與死、明與暗、強壯與羸弱所形成的鮮明對比使人們在那貌似寧靜的畫中也能感受到死亡的陰影，感覺到理性權威對人性的壓抑和窒息。

難怪那些上層貴族看到這幅畫，紛紛驚呼：「這哪裡是對希臘人的屠殺，分明是對繪畫的屠殺！」其實，德拉克洛瓦只不過是在這個社會生滿膿瘡的理性軀體上割了一道小小的口子而已。

一個試圖把感性和理性融於一身的民族，是不可能沒有這樣一場衝突的，尤其是當理性已經變成了一副軀殼，只剩下空洞的唯美主義和僵死的形式主義的時候，法蘭西更需要雨果的「棒喝」和德拉克洛瓦的「屠殺」──把肉體賦予靈魂，把獸性賦予靈智；重歸自然的感性，重塑自然的理性。

主觀和客觀：印象的創造

斑駁的海面上，黑黝黝的兩條船，橙色的朝霞如同貼在藍色的天空上；一輪紅日分外耀目地躍出海面，遠處迷茫一片，唯有條線和色塊卻異常清晰。這就是莫奈眼中的日出，也是太陽噴薄而出的一剎那，自然界光與色在他的視覺中所留下的真實印象。

這種印象是否真實？莫奈對此堅信不疑，因為他正是在科學理性的實驗基礎上，發現光的祕密，掌握了色彩的運用。他曾經用分解和觀察陽光和空氣中的色彩的方法，用三稜鏡把看似單色的太陽光分解為七原色。雖然這個實驗前人早已做過，但莫奈卻用藝術的靈感把它捕捉到了畫布上。他觀察水的反光

和折射，注視透過霧靄的光柱，發現我們看到的物體和色彩其實是由光決定的。沒有光的反射，世間萬物就不存在。光就是色彩、運動、時間，光就是真實。因此，畫家的任務就在於抓住一瞬間映入眼簾的光和色彩的感覺印象，人物、背景等具體物象只是一種表現光和色彩的媒介。

在莫奈筆下，七原色就如光譜一樣，被錯綜交併地組織在畫布上，橙色與藍色、紅色與綠色是並置使用而不加調合的，否則就產生灰色，顫動的光就無法體現，更失去光的真實。

人類正處於一個危機四伏的時代，哲學、科學乃至整個社會都在風雨飄搖之中，社會越來越趨於理性化，而人類卻對理性的無能和壓抑產生越來越多的失望與不滿。上帝被尼采宣判了死刑，愛因斯坦的相對論動搖了人們一直奉為理性基石的牛頓三大定律，世界大戰借助於理性的組織與技術把人類推向死亡的邊緣，這世界是否還會有恆定不變的真實？

但莫奈對自己的視覺理性有著絕對的自信心，他相信自然就是視覺呈現給自己的那個樣子；物質世界對象本身並不是自然的全權代表，自然的真實性是用視覺來判斷的；大自然的變化永無止境，唯有視覺有可能捕捉自然的真實狀況。

但是，無意之中，莫奈卻陷入了一個哲學黑洞。他的視覺所看到的，其實是他的意識所感受到的。誠如貝克萊所說：「存在即是被感知。」他所要追求的對象的真實性不過是主觀的真實性。就像他的那幅《印象‧日出》，他認為他畫的是真實的日出，實則卻是日出的印象。於是，當他越是專注於真實，越是發現真實是不確定的；當他越是感到已捕捉到了真實，就越發現這個真實不具普遍性。

時間飛逝，自然界的光與色彩也在瞬息變幻，真實只存在於悠忽而過的一剎那。為了捕捉這剎那的真實印象，莫奈不得

不疾筆如飛。據當時曾經看過莫奈作畫的新聞記者喬治・賈尼歐在《藝術記事》中說——

　　　　（莫奈）一旦面向畫架，說先用木炭畫上幾條線，隨後就一氣畫下去。以驚人的本領和可靠的構圖巧妙地揮動著長長的畫筆，用四、五色未經混過的顏料滿滿地塗上去，儘管把生色並列或重置在畫布上。風景是以極快的速度畫出來的，有時好像僅僅是在最初的一陣子時間裡畫完的。所謂最初的一陣子時間，指的是莫奈追求效果所持續的那段時間，即在一小時內，多半不到一小時。❷

　　莫奈作畫總是使用兩、三幅畫布，隨著光線變化而調換著使用畫布。一八九一年，他畫了十五幅表現白天不同時間中的乾草堆的油畫，每一幅畫都只表現一種特殊的即時印象。即使這樣，他依然不時地感到有些困惑：一個草垛的真實性究竟是以上午十點還是以下午一點的每一瞬間來確定呢？他不可能在每個瞬間更替使用一塊畫布來記錄自然的真實。為此，莫奈苦惱地說：「這是很糟糕的！光變了，顏色也隨著變。顏色，一種顏色，它持續一秒鐘，有時至多不超過三、四分鐘。這樣，我就只能在三、四分鐘內做我做的事。一旦錯過機會，我就只好停止工作。哦！我多受罪！畫畫使我吃了多少苦頭！它折磨我，傷害我：」❸

　　其實，莫奈的困境並不在於真實記錄瞬息萬變的光是多麼困難，而在於他的視覺（其實是他的意識）根本無法真正地反

❷　李洛：《西方美術史綱》。
❸　李洛：《西方美術史綱》。

映自然。他企圖用純粹的理性來掌握自然的存在，最終卻不得不回到感性的意識狀態。印象派——人類試圖用理性來存定世界的最後一次大規模的努力終究歸於失敗。

莫奈試圖通過「印象」，在主觀的感性與客觀的理性之間架起一座橋樑。這其實也是眾多法國人所一直夢寐以求的智慧境界。只不過，智慧女神時常喜歡和法國人捉迷藏。有時，不知不覺之中，他們已置身於理性和感性融洽和諧的化合之境；而有時，當他們著意去追求兩者的統一時，卻又始終不得其門。

超現實和潛意識

本世紀三十年代，巴黎人被一個名叫安德烈·布雷東的藝術家嚇了一大跳。他提出要把巴黎聖母院的兩座尖塔換成巨大的玻璃祭瓶，一個瓶裡裝血，一個瓶裡裝精液，並揚言要把巴黎聖母院變成一所處女的性教育學校。當然，這只能是一個建議，法國人是不會讓一個狂人毀了他們心中這座美的殿堂的。但這個建議卻如同在藝術界投下一顆核彈，它給人們的審美視野所帶來的衝擊波和震撼力足以摧毀幾十座巴黎聖母院。這顆核彈就是超現實主義。

思維和意識，在我們頭腦中就像一潭深不可測的湖水，緩緩地、靜靜地流淌。多少年來，人類一直想掬一口幽深寧靜的湖水，品嘗一下它到底是何種滋味，但始終不能如願。他們只能站在湖邊，欣賞那神祕的寧靜，揣測那湖底不可預知的流動。然而，當歷史的腳步剛剛踏進二十世紀的門檻，聚集在巴黎的一批狂人卻宣稱他們發現了意識，並真實地記錄了意識的

流動過程。

　　一九二五年十一月，人們懷著興奮的心情衝進第一屆超現實主義展覽會場。不久就帶著滿身困倦、迷惑和憤怒走出會場。他們看到了什麼？自行車車輪和木凳組成的《自行車的車輪》；形單影隻的一個便盆即為《泉》；達‧芬奇的《蒙娜麗莎》被畫上兩撇鬍子並加上 L、H、O、Q 幾個字母；將一本書的插圖撕成碎片，重新拼貼成一件藝術品。

　　如果你對此搖頭，大歎不可思議，你就對了。因為你已領悟了超現實主義的真諦。布雷東就說：「不可思議的總是美的，任何不可思議的東西都是美的；實際上，只有不可思議的才是美的。」因為潛意識本身就是不可思議的。超現實主義記錄的正是這種不可思議的「純心理的無意識自動狀態」。他們不是用畫筆，而是用夢幻來速記潛意識。

　　依照弗洛依德的說法，潛意識的衝動和欲望可以通過夢來實現自己的目的，因為理性的壓抑在夜晚往往會放鬆，於是，本能的衝動和欲望便以各種偽裝躲過理性的檢察，闖入意識領域而表現為夢。所以，超現實主義藝術家把夢看作是最真實的人性，他們通過做夢、催眠、無意識寫作等手段，努力使自己進入不受意識控制的、夢遊、夢幻和巫術般的狀態，以從中尋覓、捕捉來自心靈深處的潛意識的蹤跡。

　　設想你走在大街上，把你所看到的事物在腦海中記錄下來，然後複寫在紙上，再用兩條線把這些圖景聯繫起來，你便完成了一幅超現實主義風格的繪畫作品。一切事物，只要是意識不受控制的真實流露，都是有意義的，都是相互關聯的。超現實主義有一個被奉為經典的遊戲：許多人圍坐在一起，依次向下傳遞一張紙條。在這張紙條上，每人寫一個字或者劃一條線。最後，人們就會得到一串奇怪的句子。第一次玩這個遊戲

的藝術家得到的句子是：僵屍——絕妙的——將喝新酒。誰也搞不清這句話是什麼意思，但超現實主義者卻欣喜若狂：意思無關緊要，他們注重的是意識。

出於對現實理性邏輯的反抗，他們轉向非理性的潛意識世界。在近乎於半睡眠狀態下用潛意識寫作，用毫不相關的形象設置表現意識的荒誕。他們努力想擺脫理性對意識的控制，排斥任何有礙於直感和靈感產生的事物。同浪漫主義不同，他們並不滿足於自然心境的體驗，而要發掘意識、乃至無意識的真實意義。

但夢終有清醒的時候，遨遊於意識深處的藝術家最後發現他們仍然不得不回到現實；絕對的無意識創作是不可能的，終究還是要借助於物體的形象來表現，不管這種表現是多麼荒誕、離奇，它仍然是現實的真實存在，而不是意識本身。對現實的超越但最後不得不受制於現實，這是超現實主義帶給人們的最大困惑。布雷東也承認，超現實主義形象「也是人們最長久地用造型語言所表達的東西」。但藝術家似乎已經超越了這種困惑，雖然他們強調意識的絕對自由，把無意識世界的存在看作是真實的完美。但在用超現實意象和材料方面，卻毫無愧意，而且其才能和想像力大大超過了其他現實主義畫家。只不過相對於後者來說，他們意在表現潛意識的真正荒謬，而不是為現實而現實。

在先鋒派導演布努埃爾的影片《一條安達魯狗》中，有這樣一個鏡頭：主人公想擁抱他所渴望的女人，結果卻被兩條繫著南瓜的長繩和兩個修道士及一架上堆爛驢肉的大鋼琴所阻擋，未能如願。布努埃爾解釋說：這表明戀愛和色欲（南瓜）受到宗教偏見（修道士）和資產階級的道德、教育（大鋼琴和驢肉）的束縛。而同一時期，德國的先鋒派電影就沒有這麼多

玄奧的潛意識喻意。德國人喜歡用一些活動的幾何圖形，通過純形象的猶如動畫片似的運動來感染觀眾，像管弦樂隊中的各種聲調那樣來創造一種所謂的「沈默的旋律」和真正的「可見的交響樂」。嚴謹有餘、感性不足的德國人不可能像法國人那樣，在明知自己的理論存在悖論的情況下，依然游刃有餘地在理性的現實世界和非理性的潛意世界裡縱橫裨闔。

　　超現實主義從其誕生之日起，就帶上了「法國製造」的標籤。雖然超現實主義大師一再標榜自己是意識世界的忠實追隨著、潛意識世界的真實記錄者，但當他們指著一個夜壺宣稱這就是自己的內在意識時，無形之中，他們仍然在沿襲著本書所一直探討的一個典型的法蘭西智慧——感性與理性的交融。超現實主義大師無法超越理性的客觀事象；無論他們是如何排斥理性，拒絕現實，最終卻不得不再回到現實，把主觀的感性意識附著於客觀存在上來加以表現。

　　也許正是由於這種濃烈的法國意味，使奧地利精神分析學大師弗洛伊德始終不願承認超現實主義的理論淵源來自於自己的潛意識理論。所以，當超現實主義的開山鼻祖布雷東一臉虔誠地前來拜見弗洛尹德時，弗洛伊德不冷不熱地接見了他，對他的溢美之辭和崇敬之情沒有流露出絲毫的欣喜得意之色。

照相：再現存在的智慧

　　提起電影，人們首先想到的是光怪陸離的好萊塢影片，而對法國影片的印象除了皮埃爾・里夏爾和費奈斯主演的喜劇片以外，就所剩無幾。其實，法國影片無論是在思想的深度還是表現手法上，都遠遠超過好萊塢的情節劇。然而，在這個日益

功利的社會裡，有多少人會願意靜靜地坐在電影院裡，仔細品味那深奧的哲理寓意。電影正一步步淪為漢堡包、熱狗一樣的貨色，只求帶給人們直接快捷的感觀享受。理性又一次在感性面前敗下陣來。

事實上，法國影片與美國影片從誕生之日起就走上了兩條不同的發展道路。美國愛迪生的西洋鏡拍攝的是娛樂性場景，如動物表演、歌舞演出、拳擊比賽等；以後的好萊塢影片沿襲了同樣的技術主義道路，注重以變幻的蒙太奇組合、以假亂真的布景和惟妙惟肖的表演，把觀眾帶入夢幻般的虛幻世界。而法國人盧米埃爾所拍攝的世界上第一部影片攝錄的是火車進站、工廠下班、街上車輛來往、給嬰兒餵奶等現實生活中的場景，由此奠定了法國寫實主義影片的傳統；它並不考慮如何去娛樂觀眾、迎合觀眾的視覺效果和欣賞口味，而只注重對真實生活的原樣再現。

二十世紀六〇年代興起的「新浪潮」影片更把真實作為他們的唯一信條。為了追求直接的真實，「新浪潮」影片的導演往往運用攝影機迅速移向或離開目標、空格等新聞片攝影手段，讓觀眾有一種坐在攝影機鏡頭裡被攝影師扛著在馬路上走的感覺。為了增加影片的鏡頭容量，在剪輯上，他們完全打亂時間和空間的概念，大量採用跳接手法。此外，長鏡頭是導演們的寵兒，因為它能最大範圍的攝錄景物，保持生活畫面的完整性和真實性。

「新浪潮」影片的理論基石是由安德烈・巴贊奠定的。他的「照相本體論」認為：電影是照相藝術的延伸，應該按照生活原樣，照相式地再現生活。現代醫學研究証明，人的視覺原理同照相機的成像有著驚人的類似。外界光線通過眼球的玻璃晶體，透射在視網膜上，我們便看到了自己賴以生存的世界。

然而，這是否意味著，人類可以像照相機一樣真實地記錄我們看到的世界？

理性主義者對此深信不疑，儘管他們之間也有分歧：一種傾向於心智的理性，認為通過科學邏輯推理，我們完全可能把握現實；另一種則傾向於實踐的理性，認為只有通過實証、科學的觀察，才能獲得真實，因此，他們主張從外界現象本身來論述事物，找出現象間的普遍聯繫。

福樓拜曾經告誡莫泊桑，這世界沒有兩隻完全相同的蒼蠅、兩隻手、兩隻鼻子，作家要分別描寫它們，就必須長期觀察，找出不同的特點，用準確精練的詞表達。為此，他還提出了文學史上有名的「一字說」——

> 我們無論描寫什麼事物，要說明它，只有一個名詞；要賦予它運動，只有一個動詞；要區別它的性質，只有一個形容詞。我們必須不斷推敲，直到獲得這個名詞、動詞、形容詞為止。❹

為了確保真實，福樓拜在寫歷史小說《薩郎波》時，曾親自到情節發生的地方去考察遊歷，並閱讀了一千五百多本有關書籍，力圖使自己所寫的場景與實際的環境相符。

但是，人畢竟不是照相機，只能機械地去反映現實。真實永遠可望而不可即地在遠方靜靜地凝望著我們，我們所看到的真實其實已經是經過我們主觀意識加工以後的真實。而福樓拜正是在這一點上陷入自己挖掘的陷阱。他說，當他寫到包法利夫人服毒自殺的時候，自己的嘴唇彷彿嘗到了「真正砒霜的味

---

❹ 《中外文藝沙龍精鑒辭典》。

道」。那時的他自己成為包法利夫人。但是當他要描寫別的人物時，又得像演員似地擺脫自己，進入別的角色。「例如今天，我同時是男人和女人、愛人和被愛的。在秋日下午樹林的黃葉下騎馬閒逛，我是馬，是樹葉和風，是絮語和紫紅的太陽。」其實，福樓拜的嘴唇嘗到了砒霜的味道，這並不表明他成了包法利夫人。福樓拜永遠都只能是福樓拜，他不可能是別人，更不可能是馬、是樹葉；他只有「感覺」他是包法利夫人，是馬或樹葉。

巴贊對這一點就看得很清楚。他認為，電影與其他藝術的區別就在於，其他藝術在物象及其複製品之間有一個人存在，而電影在物象及其複製品之間只存在「一個無生命之代理人的工具性」。電影是這樣一種藝術，它第一次使世界的形象有可能在「沒有人的創造性干預下自動形成」，「所有藝術都以人的存在為基礎，只有照相機是得益於人的不存在。」❺

法國電影企圖用「再現存在的真實」來表現自己卓然不群的藝術創造力和一絲不苟的現實理性精神。而與此同時，好萊塢的夢幻工廠卻在生產著一個個奇情虛幻的理想世界。因為美國人知道，人們正是因為在真實的世界生活得太久、太累、太枯燥，才會走進電影院，用虛幻來麻醉自己，以獲得片刻的解脫。奇怪的是，感性的法國人卻一味在理性的照相機鏡頭裡打轉，一向善於交融理性與感性的他們此時也居然拐不過這個智慧彎來。

---

❺　邵牧君：《西方電影史概論》。

偶然和必然：笛卡兒的圓圈智慧

傳統的觀象分析學把所有的現象都分成兩大類：（一）是本質上是因果關係的必然觀象，這是理性思維的基本準則；（二）是進行適當的統計驗証後，一切聽其自然的偶然現象。但聽其自然並非意味著人喪失其主體性；事實上，人們往往是在有意或無意的情況之下，試圖去從這些偶然現象中找出必然的規律。

如果這個世界純粹是由一些偶然的，不具任何意義和聯繫的事件或環境組成的，置身其中的人類必然會無所適從，無法判斷發展，無從分析因果。所以，人出於本能的安全需要，傾向於從具有無限多樣性的現象分類中去發現意義；沒有任何意義的時候，人的智慧便會憑空構築出一些有意義的模式和有規則的體系。

多少年來，上帝一直是法國人精神世界的最高主宰，他的存在被看作是詮釋世間一切的必然原因，法國人就是在這種必然之中悠哉地生活了十多個世紀。但是，隨著近代科學理性精神的發展，人的自我形象變得日益高大起來；當人類的視野已微觀至分子的結構，宏觀至宇宙的天體運動時，為什麼還要去相信那個看不見、摸不著的上帝才是人類世界唯一有意義的必然存在呢？因此，法國人越來越覺得，似乎只有人才是世間的必然。但對於他們久已習慣的上帝，又藕斷絲連，難捨難分。於是，在上帝與自我這兩個必然之間，法國人調製出一個奇怪的智慧怪圈——笛卡兒圓圈。

笛卡兒在論証上帝的存在之前曾確立了一條原則：凡是我清楚分明地領會了的東西都是真的，凡是我清楚分明地領會到某種屬性是包含在一個東西的本性或包含在它的概念裡，這個

屬性就真是這個東西的屬性，我就確信它存在這個東西裡面。我清楚分明地領會到存在和上帝的本質是分不開的，那麼上帝的存在必然是真的。

但是，笛卡兒後來又說：只有認識了上帝的存在，我們才能肯定我們所清楚分明地領會的東西是真的。這是因為，凡是我清楚分明地領會的東西，上帝就會按照我所領會的那個樣子把它們產生出來。

笛卡兒在上帝與「我」之間劃了圓圈，在論証上帝存在時，以人主觀上「凡是清楚分明地領會了的東西就是真的」這一原則為前提；在說明為什麼「凡是清楚分明地領會了的東西都是真的」時，又以上帝的存在為前提。

「笛卡兒圓圈」是一種再明顯不過的「循環邏輯論証」，本應不攻自破，但是後代的哲人彷彿都被這個圓圈繞糊塗了，喋喋不休地爭個不停。有一百次批駁，就有一〇一次論証，結果越陷越深，笛卡兒圓圈幾乎成了哲學史上的一大「黑洞」。

笛卡兒圓圈在上帝與個人之間建立了一種分立的「二元認知模型」，就像他把精神與物質當作各行其是，互不干擾的二元論一樣。

上帝是世界一切的真正原因，沒有上帝安排，世界中哪怕是最細小的事情也不會發生。這是笛卡兒所處的基督教時代所必然得出的結論。因此，他在論証人所感知的存在時，首先把上帝列為先驗的存在，由上帝的存在推理出人的認知真偽，這是一種必然的因果關係。

笛卡兒的弟子馬勒布朗士，為解釋笛卡兒圓圈，曾說了一句名言：「我們在上帝中看到一切。」他進一步闡述道——

上帝是理智的世界或心靈的居地，正如物質世界是形

體的居地；心靈正是從他的能力獲得他的一切樣式；他們
正是在他的智慧中找到他們的一切觀念；而且如果他們正
是通過他的愛，以他們的一切合規則的運行行動……❻

所以，他說：「只有一個真正的原因，因為只有一個真正
的上帝。任何事物的本性和力都只是上帝的意志；一切自然的
原因都不是真正的原因，而只是偶有的原因。」❼

但是，如果笛卡兒僅僅是停留在「上帝是一切的必然原
因」這個早已被托馬斯‧阿奎那論証了不知有多少遍的命題
上，那麼他絕不會成為哲學史上一個劃時代的人物。笛卡兒是
個頂天立地的巨人，他的頭在上帝那裡，腳卻踏進了人間的門
檻。也正是由於這種不上不下的尷尬處境，才產生了他的那個
著名的圓圈。

笛卡兒的偉大就在於他認識到了人，認識到了人的意志和
思維同樣具有與上帝一樣的認知能力。在笛卡兒看來，上帝雖
然按必然性的秩序創造了一切，但除了認知能力，他仍然給了
人一種「傾向」，使得人的意志是自由的。儘管這種自由只不
過是上帝用來表明自己的智慧，但人正是靠了這種自由，才獲
得了認知智慧。

但這種認知是不能同上帝的認知相提並論的。它只是一種
偶然的、靈感性的，而不是必然的；就像一個運動著的球碰撞
另一個球，使之運動起來，第一個球只是第二個球運動的自然
原因，或者說是偶因。

當我們把笛卡兒圓圈分解為上帝的「必因論」和人的「偶

---

❻　轉引自陳宣良：《理性主義》。
❼　轉引自陳宣良：《理性主義》。

因論」來看待時，便會發現，法國人的處世智慧其實是深受這個圓圈影響的。

在法國人眼裡，這世間，除了上帝是必然的，一切都純屬偶然。從精子和卵子結合的那一瞬間，偶然性便伴隨著生命，一直走向它的終點。因此，生活中，任何事情都可能發生，也可能不發生。希望本無所謂有，也無所謂無，重要的是活好現在，及時行樂，任憑風雲變幻，我自巋然不動。「麻雀拿在手中，勝似鴿子飛在高空。」盲目去追求那並不存在的必然是徒勞無益的。

由此便產生了法國人安逸圓滑、順應時勢的形象。一位作家很幽默地用小小的衣帽鈎闡發了這種形象。他說：「要想將柔軟、圓滑、無撐的法式衣領掛在粗大而稜角分明的德式衣鈎上，簡直是枉費心機。」

愛智的法國人

法國人對於智慧和學問向來是推崇備至的。

傳說，在向埃及的遠征途中，拿破崙曾經命令：「讓驢子和學者走在隊伍中間！」別以為這是拿破崙對學者的侮辱；恰恰相反，拿破崙正是要像保護驢子一樣來保護那些隨隊而行的歷史學家、考古學家。要知道，在浩瀚無際、渺無人煙的北非戈壁上，一頭能馱東西的驢子可遠比一個會打仗的士兵重要得多。

中世紀的法國，國王在完成加冕大禮後，都要舉行隆重的進入巴黎的「進城」儀式，以象徵他擁有了整個巴黎、乃至法國。而進城儀式的高潮是巴黎市民代表把一尊力量之神和一尊

密涅瓦智慧女神的塑像呈獻給國王。法國人相信，只有一個同時擁有權力和智慧的國王，才會造就一個國勢強盛、又開明儒雅的法蘭西帝國。所以，無論是以前的國王，還是以後的總統，在炫耀自己權力的同時，都不忘表現自己文學、藝術方面的涵養。

路易十四就時常以藝術家的保護人自居，他收留了一大批御用食客：如悲劇作家讓·拉辛、寓言詩人拉·封丹、畫家林布蘭等等。路易十四還支持宰相黎塞留建立了法蘭西學院，用豐厚的年金酬勞、終生穩定不變的雇傭及崇高的學術和社會地位，吸引一大批文人為了那四十個有限的名額擠得頭破血流；而路易十四的智慧形象也由此更為文人所思慕。

法國人一向把語言當作智慧最完美的表現，他們傾向於使用笛卡兒式的哲學語言，嚴謹抽象，微言大義。大革命時期，政治家為了表明自己的文化素養，不惜從教義問答和共濟會術語中借用一些詞義精深、艱澀奧妙的語彙，加上類比、轉喻、暗寓等花梢的修辭花邊，使他們的演講既像基督教布道，又像柏拉圖對話。就連一般民眾說起話來也字斟句酌，「語不驚人死不休」，往往令當時在場的外國人汗顏。

一位外國記者曾經報導：有一次他走在大街上，聽到兩個剛革完命仍熱情高漲的巴黎人對話：「你們同勝利締約了嗎？」──「不！我們同死亡締了約。」

第三共和國的第三任總統朱爾·格雷維是律師出身，但不善言辭。他曾說：「人家有說話的自由，我們有實幹的權利。人類的事情會按自然法則水到渠成地辦到。」可惜，一個政治家被人看重的恰恰不是實幹，而是口才。於是格雷維便想了個辦法。他博聞強記，大段大段背誦賀拉斯、維吉爾與拉辛的詩。這樣，他在遇到難以回答的問題或無法辯駁的觀點時，便

背上一段富有哲理的詩章來搪塞。然而，這種「王顧左右而言他」的使倆卻常常使聽者敬意頓生。由此，格雷維在法國人面前樹立起智慧文雅的總統形象。

拉丁語的「哲學」即為「愛智」，法國人至今仍把智慧同哲學等同起來。在法國人看來，智慧純粹是一種思想的學問，實用性的奇工淫巧是不能登智慧的大雅之堂的。

一八七一年，一位名叫愛彌爾的人在他的日記中寫道：「法國人總是把思想流派、公理、慣例辯論、抽象和修辭置於現實之上。在他們眼裡，闡釋重於事實，言語重於事功，修辭重於科學……他們儘管用哲學來探索世間一切，其實對世界卻一無所知；他們善於辯析，分類演講，但只是近哲學之門檻而不得其門而入。」❽

法國人的這種分裂的智慧觀，最直接的反映就是法國在應用科學理論、前沿技術領域的成就遠遠不能與其在思想文化領域的國際地位相提並論。雖然法國的核電比例在世界居於前列，但在核子理論的建樹上，人們記住的只是丹麥的玻爾、義大利的費米、美國的愛因斯坦。儘管法國的TGV高速列車創造了世界最高的實際運營時速，但在更為尖端的磁懸浮列車的實用研究上，卻是日本遙遙領先。

劇作家米爾·魯凡有一齣以法國戰後航天（太空）事業為題材的戲劇。劇中有位工程師，他設計出來的超音速飛機接連出了一連串事故。但這位工程師仍不承認事實，堅持認為自己的空氣動力學設計沒有錯。

由此可見，智慧觀念的裂變，其更為深遠的影響還在於它潛移默化地形成法蘭西民族所特有的一種行為方式和思維定

---

❽ 〔英〕西奧多·澤爾丁：《法國一八四八、一九四七》。

勢——思想與現實分道揚鑣，並行不悖。

實驗：搖擺於現實與理想之間

在法國人眼裡，一個整天擺弄瓶瓶罐罐，或者用一些稀奇古怪的儀器做著一些同樣稀奇古怪的實驗的科學家，同一個冥思苦想的思想哲人相比，簡直是兩個不可同日而語的世界：一個地下，一個天上；一個只會做些玩具遊戲，另一個卻渾身充滿智慧。但是，帕斯卡卻試圖把這兩個世界統一起來。一部《思想錄》，使他無可爭議地踏進哲學家的神聖殿堂，而他竟順手牽羊地把實驗科學也帶進了大雅之堂。

一六四八年九月十九日，帕斯卡在奧維涅州的多姆山做了一個實驗。這個實驗在科學史上的意義完全可以同伽利略在比薩斜塔上的落體實驗相媲美。

那天，帕斯卡和他的姐夫比里埃帶著氣壓計，來到海拔一六四〇米高的多姆山。他們沿山分幾個高度地段設點，觀察水銀柱隨高柱不同而產生的變化，記錄下六組數據，結果發現在山腳看山頂水銀柱的高度相差了三·一五吋，從而証實了帕斯卡的理論：「氣壓隨高度的增加而減小。」

帕斯卡的理論得到科學界的公認。在這個實驗的基礎上，帕斯卡寫成了他的《液體平衡論》和《大氣重力論》兩部科學著作，確立了大氣壓力的理論與流體靜力學的基本規律。

「帕斯卡實驗」震動了整個科學界，標誌著科學中心在十七世紀中葉已由義大利轉移至西北歐。對於法國人來說，這項實驗的意義尤為重大，它意味著伽利略所開創的實驗理性的智

慧方法也開始為法國人所接受。帕斯卡把終日飄浮於思想無窮無際的法國人重新拉回他們所生活的現實世界。然而，如果帕斯卡在天有靈，他肯定會很遺憾地發現，那些回到現實地面上的法國科技精英依然以一種半哲人的姿態穿梭於他們的實驗室。當他們面對自然時，要嘛就只是在觀察並記錄自然現象，要嘛就純粹在思考自然。

自然主義小說家左拉對科學實驗的觀察方法推崇備至。在他的小說裡，人們可以看到大段大段對自然景物、社會場景細緻入微的描寫，這些描寫都是左拉細心觀察後的真實記錄。有人說，在他的小說《巴黎的肚子》裡，你可以聞到菜場腐葉的臭味和販子身上的酸味，有時竟會產生作嘔的感覺。

左拉曾毫不掩飾地宣稱要把科學帶給文學，為此他提出了實驗智慧的兩大要義：（一）「實驗究其實不過是有針對性的觀察，實驗中的推理應建立在懷疑的基礎上，因為實驗者在自然界面前不應有任何先入之見，而要使思想保持無束縛的狀態，他僅僅接受已經產生並得到証實的理念。」（二）「實驗科學不必為探索事物的『所以然』而絞盡腦汁，它需要解釋的是『怎麼樣』，僅此而已。」❾

知其然而不知其所以然，這就是法國實驗理性的基本指導思想。實驗主義者相信，眼睛賦予人們以觀察世界的能力，也只有眼睛所觀察、記錄下來的世界才是自然且真實的，人為的臆測和判斷都會影響這種真實性。著名的生理學家克勞德・伯納德在人體體能學、消化原理及血液循環理論方面都頗有建樹，但他卻拒絕從自己的特殊發現中得出一般性結論。他認

---

❾　左拉：《實驗小說論》。

為，人有三種智慧——信仰、推理和實驗，由此而產生了三個分支領域——宗教、哲學和科學；三種智慧功能各異，各司其職，三個領域也應界限分明，不能混為一談。

哲學與科學、理論與實際、思想與現實的分野就這樣開始了。法國人從執著於現實的極端又滑向另一個極端——沈涵於思想。科學家只是為研究而研究，他們考慮的不是現實的應用，而是真理的純粹抽象。發掘真理的過程是一種高尚的樂趣，至於再把這種真理轉歸於現實，則顯得功利世俗，而失卻了科學的純潔與高尚。

一九二三年，一位名叫瑞查德的生物學家告誡他的學生：「千萬別指望你的發現會獲得任何實際的效果。讓那些不得不考慮這個問題的人去完成這項任務吧！」所以，巴黎的科學家往往是一頭栽進實驗室或書本裡，與世隔絕地生活在拉丁區，而不像美國或英國的科學家那樣積極參與公眾事物，或結成團體。瑞查德也說：「我們很難知道一個同事是否結婚了，甚至連他們的家屬來他的實驗室也會吃閉門羹。」法國的科學家就像那個孤獨而無畏的騎士唐·吉訶德，單槍匹馬，在思想的荒野上，同一架風車搏鬥。他並不在乎他戰勝風車之後的實際意義是什麼。這是一種精神，一種為真理而不斷求索的騎士精神。

法國人始終無法把理想與現實結合起來，就像他們無法用理性約束感性一樣。所以，帕斯卡只能一臉嚴肅地站在五百法郎面額的紙幣上，無可奈何地看著他的後人把自己的實驗方法生吞活剝，硬是拉向兩個極端：一個是純粹的自然觀察，不帶任何思想；另一個則是滿足於從觀察中抽象出理論，建立某種思想體系，而不在乎將這種思想再應用於實際。難怪，法國人

總是要嘛理性有餘，要嘛感性過頭。

信仰與現實的交融智慧

《聖經‧創世紀》中載：耶和華吩咐亞當說：「園中各樣樹上的果子你可以隨意吃，只是分別善惡樹上的果子你不可吃。」但夏娃在蛇的唆誘下，以為那鮮艷可人的果子定能使人產生智慧，於是便與亞當偷而吃之。從此，犯下了他們的後代永生難以贖回的原罪。

但亞當、夏娃也並非赤條條一絲不掛地被趕出了伊甸園，至少他們擁有了一件終身受益的寶物──智慧。於是，虔信的教徒便想用理智來贖回人的純潔。他們建立了嚴格律己的修院制度，讓修士在與塵世絕緣的封閉狀態下感應上帝的善，修煉身心的純。九一○年建立的克呂尼修道院，完全以義大利著名的本尼狄克修行會規為指導準則。這個會規規定，每天必須祈禱七次，時間至少要四個小時以上；每天兩餐，素齋為主；制訂了七十二條規定：不准發怒，不許談笑；每天要流淚歎息，向上帝認罪等等；同時還訂出了十二個階段的訓練計劃來使修士行道。但欲海塵緣又豈是一堵高牆和幾條規則所能隔斷，聖潔的修道院逐漸成了藏污納垢之所。在凝重理性的深牆大院掩飾下，教士們一面口念「罪過！罪過！」一面又毫無顧忌地放縱欲望。十二世紀，修道院長使用刻有維納斯裸體像的古玉雕作為印璽，用它來加蓋信件，絲毫不覺難堪。至於修士娶妻生子，拈花惹草，更不是新聞。

看來，純粹的理性已不足以把罪孽深重的人們從欲海中挽救出來，對上帝的信仰本就該訴諸於感性體驗。所以十八世紀

法國的詹森教派退而強調通過嚴格的精神自律來獲得拯救，只有那些嚴守戒律、禁欲苦行的人才會被上帝所選中。所以，詹森教徒排斥一切擾亂他們心境聖潔寧祥的感官刺激。

據說，有一次，財政總監夏維尼送給塞納河畔諾讓的嘉布遣會裡的詹森修士們一尊維納斯雕像，這些修士給女神穿上一件衣服，後來索性改成懷抱耶穌的聖母。女修道院長昂熱麗克·阿爾諾則宣稱：「我愛一切醜陋；藝術只是謊言和虛偽；感官得到的享受是從上帝那裡掠奪來的。」她命人把自己的寓所徹底改造翻修了一遍，拆除了牆上的一切裝飾。但當她搬進這幾乎是家徒四壁的房子，依然抱怨：「這房子太美，我有些心神恍惚。」

阿爾諾一句話道出了詹森教派的困境：感性永遠不可能純淨虛無，紛紛擾擾的世界無時不在弱化人們追求聖潔的努力。所以，詹森教派不無悲哀地得出結論：人是毫無能力的，完全聽憑自然本性的擺布。邪惡的自然本性必然會傷害上帝。上帝永不會寬恕人類，他只會收容一小部分特選的人。

在法國南部的阿爾比地區，有一群純潔的基督徒，稱為阿爾比派。他們認為這世界有善與惡兩股永恆的勢力：上帝是最大的善，性是最大的惡。為了成為「善人」，阿爾比派要求它的信徒必須獨身，不得起誓，不得擁有財產，不吃肉、牛奶或雞蛋。因為這些都是繁殖原罪的產物。

然而不久，阿爾比派就陷入與詹森教派同樣的困境；無本無性的上帝與感性衝動的法國人之間有一道無法超越的鴻溝。於是，阿爾比派順勢而變，把他們的理論改造為典型的法國模式——思想與行動分道揚鑣：一方面保留少數徹底得救的「善

人」，另一方面他又允許大多數意志不堅的信徒結婚、擁有財產，享受世間的一切榮華富貴，甚至在表面上可以遵奉羅馬教會，只要在臨死前接受「安慰禮」——讓一位已受過禮的人雙手連同《約翰福音》一起放在自己頭上，照樣可以得救。

阿爾比派再一次實踐了法國智慧的精髓：思想始終居於行動之前，理想主義與現實主義完全可以並行不悖地沿著兩根鐵軌向前延伸；儘管它們可能永遠不會相交，但法國人卻可以毫不費力地讓他們的智慧列車穩穩地駛於其上；只要掌握一個智慧要訣——把信仰現實化、理性感性化，任其東南西北，都不會傾覆。

高雅和低俗的智慧分野

對於高雅文化與低俗文化，法國人歷來有他們獨到的見解。抽象的哲學無疑是高雅的，實用的技術則萬萬不能登大雅之堂。這其間的分野，法國人自古以來就一清二楚，而且貫之於今。但是，並非每一種文化都能如此這般劃出個楚河漢界來，斗轉星移，滄海桑田，高雅與庸俗之間的判斷標準同樣也會隨時而變，因人而易。

羅馬人從來不費心思去考慮什麼高雅與粗俗。貴族、元老與普通平民坐在同一座圓形鬥獸場上，同樣津津有味地欣賞下面角鬥士與野獸的血肉之戰。露天劇場裡，他們都會為埃斯庫羅斯的悲劇而潸然淚下，又會因阿里斯托芬喜劇中的精采對白而同時迸發出笑聲與掌聲。深受羅馬遺風浸染的高盧人和法蘭克人，對高雅與庸俗的概念同樣也很模糊。在他們眼裡，能夠

激發起自己情感和激情的事物就是美的；至於它是否高雅或低俗，並不重要。

然而，世風日上，人心也不古了。就像亞當、夏娃吃了善惡樹上的果子之後，便懂得用樹葉遮住羞處一樣，當理性精神一步步跨入法國人的生活以後，法國人就越發為自己粗俗不堪的文化品味而感到羞恥難堪。

一五四二年，法蘭西帝國最高法院判決，禁止作為中世紀戲劇最後遺跡的「耶穌受難會會友」繼續在勃艮第宮劇院演出神祕劇。判決詞頗為嚴厲，卻又有點粗俗——

> 這些愚昧無知、對此道一竅不通的下流坯，猶如木匠、獄史、地毯匠和賣魚小販一樣的下等人，居然堂而皇之地演起了《使從列傳》……
>
> 創作人員和演員皆為大字不識的無知之草，純係一幫擺弄機器的粗人。他們缺乏最起碼的常識，從未受過任何教育，語言不通，用詞不當，甚至連口音也蹩腳！❿

於是，一切驚險、神祕、荒唐、衝動和浪漫都被清洗出戲劇舞台，取而代之的是一統天下的「三一律」——同一時間、同一地點、同一條情節發展主線。

一六七六年，「耶穌受難會社」被徹底取締，因為「這個會社所接納和培養出來的，全是些拙劣的藝人……因此，他們不能接受榮譽和擔任公職，也不配享有資產者的稱號。因為古人是把奴隸和藝人等同視之的。」

從這個由低俗向高雅進化轉變的過程中，細加分析，我們

---

❿ 〔法〕雷吉娜・佩爾努：《法國資產階級史》（近代，下冊）。

便不難發現，決定這場轉變的根本原因不是時間的推移，不是理性的進步，而是文化欣賞主體的改變。

高盧文化時期，有權享有文化的是駐高盧的羅馬貴族和將軍，他們承襲的自然是羅馬人的欣賞口味，不分貴賤，雅俗共賞。法蘭克文化時期，王國分分合合，文化的欣賞主體是各小國的諸侯，戎馬征戰，使他們對騎士英雄的故事最感興趣，於是便出現了《羅蘭之歌》、《亞歷山大傳奇》、《特洛伊傳奇》等等冒險奇情的文學故事；而諸侯本身的文化素養並不高，更談不上高雅了。而到了中世紀後期，封建王朝的統治漸入佳境，王室宮廷成為一切文化的中心，適應國王、貴族之高尚、端莊、規律的欣賞口味已是大勢所趨。

因此，劇作家便竭力避免一切令耳目難堪的情景，諸如強暴、打架、殺戮之類。他們的作品結構勻稱，絕對沒有突兀的事件；高潮是循序漸進的，對白工整，用字精煉；更為重要的是，人物都是台下觀眾所熟悉的：國王、王后、親王、大使、將校、侍臣、妃子等等；甚至連服裝也都是當時宮廷裡最流行的時裝。儘管劇情可能是上千年前的古希臘時代，劇作家也毫不在意，關鍵在於討好台下的貴族王公。

有了貴族的高雅口味，自然需要市民的庸俗文化來襯托。可惜，有關這方面的記載實在太少，我們只能從居斯塔夫·庫爾貝、米萊等人的農村風俗畫中零星地感受到下層農民自然恬適和快活放縱的文化場面。對法國史家、藝術家來說，這些低俗的場面根本不能代表法國文化的主流，所以不屑於記載和描繪。但他們似乎忘了，巴黎只有一個，國王更是獨枝，而在外省和廣潤的農村，有多少被他們貶為庸俗無能的文化人在創造著法國文化的另一面。

或許，在他們看來，唯一可能的解釋是：高雅的東西向來

是曲高和寡，供少數有一定品味的人享用；而庸俗的東西往往眾人趨之如「逐臭之蠅」，因而是不能登大雅之堂的。

　　在理性與感性的十字路口，法蘭西形象的理與非理、智與非智都紛然呈現於我們眼前。執著於理智與感情的兩極衝突，法國人創造出獨具韻味的心智文化——用哲人的眼光和頭腦去思考心靈，用心靈的純淨與自由靈性去感知世界。由此，法國人激盪起一個又一個智慧的浪花，雖然這其中不乏如曇花般瞬息間香消玉殞，也留下漩渦般的誤區，但法蘭西智慧的魅力所在恰恰正是在這些宥蕩波瀾的碰撞融會化合之境中所展示的那種似悖非悖的風格。

　　因此，當我們再度回首凝望，看到的依然是一個夢幻般迷情的法蘭西，但品味到的卻是醇香悠長、回味無窮的法蘭西。

〈全書終〉

國家圖書館出版品預行編目資料

法蘭西的智慧／敖軍著 -- 初版 --
新北市：新視野 New Vision，2020. 03
　　面；　公分--
　　ISBN 978-986-98435-6-0（平裝）
　　1. 民族文化　2. 法國
742.3　　　　　　　　　　　　　　　109000965

法蘭西的智慧

敖軍　著

主　　編　顧曉鳴
企　　劃　林郁工作室
出　　版　新視野 New Vision
責　　編　林郁、周向潮
　　　　　電話：（02）8666-5711
　　　　　傳真：（02）8666-5833
　　　　　E-mail：service@xcsbook.com.tw

印前作業　菩薩蠻數位文化有限公司
印刷作業　福霖印刷有限公司

總 經 銷　聯合發行股份有限公司
　　　　　新北市新店區寶橋路 235 巷 6 弄 6 號 2F
　　　　　電話 02-2917-8022
　　　　　傳真 02-2915-6275

初版一刷　2020 年 3 月